一九三二年の大学対抗ディベート

彼らは何を目指したのか

熊谷 芳郎
Yoshiro Kumagai

溪水社

二〇一八年三月、満開の桜のもと
九四歳で逝った母に捧げる

はじめに

本書では、戦前に行われたディベートについて考えていこうとしている。

演説が、一人が多数に呼び掛けて集団を動かしていこうとする技能だとするなら、討論は、多数で共に考え一致を見出していこうとする技能である。演説が一部のリーダーが多数を率いていく場合に力を発揮するのに対して、討論は多数が平等の立場で問題を考え結論を見出していく場で力を発揮する。その討論の力を養う場として、ディベートという活動がある。したがって、やや大げさに言えば、ディベートの移入を企図することは、人々が同等の立場で共に考え課題を解決していく社会を目指すことにもなる。

一九三三（昭和八）年という、五・一五事件の翌年という時期に、そんなディベート移入の試みがあった。

では、その一九三三年というのはどんな時代だったのだろうか。まずこの時代のおおよそを確認することから始めよう。

巻末にこれから考えていこうとする時期を年表として示した。その中心は、世界史的には一九二九（昭和四）年にニューヨーク株式市場大暴落で始まった世界恐慌から、満州事変、ヒットラーの政権樹立、日本の国際連盟脱退、日独伊三国防共協定成立へと続く時代である。日本国内としては、浜口雄幸首相狙撃、井上準之助殺害、団琢磨殺害、犬養毅首相殺害と政治的テロ事件が相次いで起こる間に、クーデター未遂も繰り返された。特に、大学対抗討論会が開催される前年の一九三二（昭和七）年の五月に起きた五・一五事件は、「憲政の神様」と呼ばれた犬養毅が殺されたことから、言論の自由に対する大きな脅威となった。その後の斎藤実内閣と岡田啓介内閣とは「挙国一致内閣」と呼ばれた。それは「軍人を首相としながら政党からも入閣し、反目する軍部と既成政党、あるいは政友会と民政党が『協力』する形で成立した内閣である」からだが、「実際には、各勢力が互いに牽制し合いながらバランスが維持されていた」「突出した権力が不在であることの裏返し」であったという（河島真『日本近代の歴史5　戦争とファシズムの時代へ』）。それは、二・二六事件後、岡田啓介の後に首相となった広田弘毅以降の内閣では「陸軍の発言力が強くなり、軍部と政党のバランスは失われていく」からである。その意味では、大学対抗討論会が開催された時期というものは、「突出した権力が不在」で「各勢力が互いに牽制し合いながらバランスが維持されていた」時期であったということになる。

この時期に検挙された学生数の統計をまとめたものとして、高桑末秀の『日本学生社会運動史』[1]がある。同書が掲げている表を次頁に示した（表1）。この表でも、斎藤実政権下の一九三三（昭和八）年から一九三五（昭和一〇）年までの間、たしかに事件数・検挙者数等いずれの項目も減少している。それらが増加に転じるのは、二・二六事件のあった一九三六（昭和一一）年以降である。

表1　学生検挙者数の推移　原題は「左翼学生運動の発展と衰退」

	年次	1931	1932	1933	1934	1935	1936	1937
事件数	大学	193	145	97	60	35	17	49
	高校	98	64	15	5	2	7	7
	計	395	308	157	84	40	24	67
検挙者数	大学	540	632	443	172	38	41	73
	高校	295	277	128	80	13	5	1
	計	1119	1170	670	305	88	74	87
起訴者数	大学	24	48	67	19	2	1	4
	高校	6	3	14	6			
	計	32	60	93	31	2	1	4
処分者数	大学	278	364	320	82	2	6	25
	高校	456	253	155	39		1	1
	計	984	901	578	162	3	26	27

一九三三年から一九三五年まで、プロレタリア文学者・小林多喜二が警察内で虐殺されるなど思想・言論活動に対する圧迫が一部であったものの、政治的各勢力の「バランスが維持され」た結果、全体的には言論弾圧に一種の小康状態が訪れていたということである。昭和戦前期の凪とも言えるこの時期に、大学対抗討論会は行われたのであった。

（1）この表に付された補足によれば、資料は「文部省思想局調査による」とあり、さらに「合計の中には大学・高校の他に専門学校・中学校および教職員関係などの左翼思想事件などの左翼思想事件をも含む」とある。

目次

はじめに……i
凡例……ix

I 大学対抗討論会とは……3
1 雑誌『雄弁』と大学対抗討論会……3
2 大学対抗討論会のルール……5
3 「指導者」と呼ぶ人々……8

II 弁論冬の時代のディベート……10
1 昭和戦前期はどんな時代だったのか……10
2 弁論から討論へ――師岡淳也が明らかにしたこと――……13

Ⅲ　大学対抗討論会の実際……24
1　それまでの討論会はどんなものだったか……24
（1）法律解釈としての討論会　25
（2）政策討論としての討論会　29
2　ディベート式討論法をどのように広めようとしたか……37
（1）討論方法・ルールの示し方　38
（2）きめ細かな指導の仕方　50
（3）普及への意識　64
3　冒頭部分を比較する……66
（1）第一回「自殺は果して是か否か」――区々別々の弁論――　67
（2）第五回「政党政治を排撃す」――役割分担した反駁――　73
（3）第一一回「国際結婚を排撃す」――定義を踏まぬ反駁――　78
4　第五回の最終部分――反駁と最終弁論――……84
Ⅳ　ディベート論の深化――関連記事に描かれたディベート――……90
1　三名代表の討論会形式……92
2　肯定・否定の折衷はディベートか……94

3 反論に対する視野……98
4 ディベートは雄弁の真髄である……100
5 反駁しあうことによって真相の発見を……102
6 演説と討論との違い……159

V ディベート層の拡大――青年団員への普及――……171
1 青年団員を中心とする『話し方』研究座談会……171
2 『雄弁』の購読層としての青年団員……176
3 青年団員による討論会……202

VI 戦後ディベートの先蹤としての大学対抗討論会……208
1 ディベート運動の組織論……209
2 ディベートの基礎理論……210
（1） 野次対策としてのディベート 210
（2） 「弁論練習」としてのディベート 216
（3） 「楯の両面を観る」指導 229
3 ディベート教育に示唆するもの……255

まとめ……259
1　編輯部・指導者たちが目指したこと……259
2　ディベート移入史における意味……261
巻末年表……264
引用文献……268
あとがき……277
索引……286（1）

凡例

※当時の資料を引用するに当たって

本書では、大正末から昭和戦前期に書かれた文章を資料として用いていくため、引用するにあたって次のような変更を行っている。

① 旧漢字は新漢字に改めた。

② 原文には総ルビのもの、部分的にルビのあるもの、全くルビのないものの三種類がある。そのため、引用に当たってはルビを削除することを原則とした。

③ ただし、現代の読者には読みにくいと思われる場合、あるいはルビを示した方がよいと判断される場合には、例外としてルビを残した。その場合、仮名遣いは原文通り、当時の仮名遣いに従った。

　先刻川副君は『私の意見を申しますれば……』斯《か》う言はれた。私の意見といふものはこの場合ない筈《はず》である。

　弁論に於けるこのdiscussion《ディスカッシオン》の様式が著しく吾国に於て欠けて居る

④ 原文にルビがないが現代では読みにくいと思われる場合には、熊谷の判断で読み仮名を（ ）に入れて示した。その場合にも、仮名遣いは旧仮名遣いとした。

　苛斂（かれん）と誅求（ちゆうきう）と相和して国民の財袋今や空しからんとするの時

⑤ 意味を理解しにくいと思われる語には、その意味を〔 〕に入れて示した。

　これ等の民族は総て我が皇祖皇宗の御威徳に心から悦服し、天孫民族の指導精神を遵奉〔法律や教えなどに従い守ること〕し、今日の言葉で申すならば、同じ陛下の赤子として包含〔中に包み込むこと〕同化されたものであります

⑥　傍線を付したり、一部省略をしたりした場合、その旨を〔　〕に入れて示した。

⑦　中略した場合に、原文にある形式段落分けは割愛し、一つの段落で示した。

※本書が用いる資料には、「楯の両面を観る／見る／知る」「デベート／デイベイト」など類似の表現が多々見られ、本来なら個々にその差異について論じるべきである。しかし、資料に多く座談会記事が含まれていることを考慮して、同様の概念をもつ表現として区別せずに用いることにする。

※資料の中で、「野次」「弥次」の二種類の表記が見られる。引用に当たっては原文のままとしたが、地の文としては「野次」で統一した。

※挿入した写真はいずれも『雄弁』掲載のものである。原典にキャプションが付いている場合には細ゴチック体で示し、熊谷が新たに説明を付した場合には（　）に入れてゴチック体で示した。ただし、文字の並べ方は原典のキャプションも左から読む順に改めた。

※写真の著作権について講談社及び関係機関に問い合わせたが、既に編集部が存在しないために不明とのことだった。掲載するか否か迷ったが、討論会の模様を伝えるために必要と考え、掲載に踏み切った。

《雑誌『雄弁』主催の大学対抗討論会一覧》

	論題	肯定側	否定側	議長	審判	掲載号
前1	日米戦ふの日ありや否や	帝早慶大	帝早慶大	五来欣造	植原悦二郎・竹内重利	一九三〇年(21巻8号)
①	自殺は果して是か否か	明治大学	東洋大学	賀川豊彦	鶴見祐輔	一九三三年(24巻9号)
②	田園文明か都市文明か	日本大学	専修大学	賀川豊彦	清沢 洌	一九三三年(24巻10号)
③	寺院が財産を所有するの可否	駒沢大学	大正大学	加藤咄堂	高島米峰	一九三三年(24巻11号)
④	死刑是か否か	法政大学	立教大学	清沢 洌	塚崎直義	一九三三年(24巻12号)
⑤	政党政治を排撃す	東京帝国大学	早稲田大学	清沢 洌	北 昤吉	一九三四年(25巻3号)
⑥	ブロック経済を強化すべし	明治大学	慶応大学	青木得三	高木友三郎	一九三四年(25巻4号)
⑦	女性が職業戦線に進出するの可否	青山学院	拓殖大学	星島二郎	市川房枝	一九三四年(25巻5号)
⑧	戦争は文化を促進するや否や	大東文化学院	明治学院	北 昤吉	帆足理一郎・峯間信吉	一九三四年(25巻8号)
中1	英雄が時代を生むか、時代が英雄を生むか	明大予科A	明大予科B	不記載	部長・来賓他多数	一九三四年(25巻8号)
⑨	大衆文芸か純文芸か	早稲田大学	慶応大学	千葉亀雄	谷川徹三	一九三四年(25巻9号)
⑩	現下のスポーツ熱は過度なりや否や	東洋大学	専修大学	関 未代策	松原一彦	一九三四年(25巻11号)
⑪	国際結婚を排撃す	日本大学	立教大学	青木得三	赤神崇弘	一九三四年(25巻12号)
⑫	産児制限すべし	中央大学	法政大学	清沢 洌	永井 亨	一九三五年(26巻1号)
⑬	暑中休暇を廃止すべし	東京農業大学	拓殖大学	木村亀二	亘理章三郎	一九三五年(26巻3号)
後1	自力更生可能なりや否や	農村青年A	農村青年B	松原一彦	高島一郎	一九三五年(26巻4号)
後2	恋愛結婚是か非か	明治大学A	明治大学B	関 未代策	無し	一九三七年(28巻1号)

一九三三年の大学対抗ディベート

——彼らは何を目指したのか——

I　大学対抗討論会とは

これから考えていく大学対抗討論会とはどのようなものであったのだろうか、その概要をこの章では確認していこう。まず、大学対抗討論会を主催した『雄弁』という雑誌がどのようなものであったのかを確認するところから始めたい。

1　雑誌『雄弁』と大学対抗討論会

明治後半から大正にかけては、井上義和「第2次弁論ブームの展開と雄弁青年の析出――1900-1930年を中心として――」の言うところの第二次弁論ブームが起こった時期であった。この時期に多くの中学校以上の学校に弁論部が誕生したが、一九〇九（明治四二）年には当時の法科大学、現在の東京大学にも弁論活動を目的とした緑会弁論部が発足した。このとき、同校の書記であった

火花を散らす大舌戦の実況

（「⑩スポーツ熱」の様子）

野間清治は、同年一一月一四日の緑会発会式で行われた演説・講演の速記録を「世の学生青年のために」出版することを思いつく（野間清治『私の半生』）。その発案が元となって、一九一〇（明治四三）年二月、雑誌『雄弁』が創刊された。以来、廃刊となる一九四一（昭和一六）年まで、三二年間にわたり、弁論に関心をもつ若者層を対象に発行された。これだけの期間、弁論関係を扱い続けた雑誌は他にない。

その雑誌『雄弁』が主催した大学対抗の討論会を一覧表として巻頭に示した。上段に○囲み数字を付したものが大学対抗討論会である。一九三三（昭和八）年九月に発表された記事を第一回とし、一年六ヶ月の間に一三回掲載され、参加した大学は二〇に及ぶ。この大学対抗討論会が行われる[1]三年前の一九三〇（昭和五）年には、帝大・早大・慶大の学生混合チーム同士の討論会が行われている（一覧表の上段に「前1」としたもの）。また、第八回と同じ号には明治大学予科生同士による討論会の記事があり（上段に

「中1」としたもの）、さらに、最後の大学対抗討論会記事が掲載された翌月には農村の青年同士による討論会（上段に「後1」としたもの）、その二年後の一九三七（昭和一二）年には明治大学の学生同士が討論した討論会（上段に「後2」としたもの）の開催を伝える記事がそれぞれ掲載されている。これらの掲載を合わせれば、関係する期間は七年に及ぶ。

なお、記事の題名としては「〇〇大学対〇〇大学討論会」とされているが、本書では「大学対抗討論会」で統一し、特定の記事を扱う場合には「①自殺」のように回数を〇囲み数字で示し、その後に討論題の一部を付記したものを用いることとする。また、一三回の大学対抗討論会以外の実践記事についても同じように表記することとし、たとえば一九三〇年に掲載された記事は「前1日米」とする。

2　大学対抗討論会のルール

大学対抗討論会は、会によって多少の変更があったもののおよそ次のようなルールで行われた。

① 各チーム五名で編成されている。
② 意見は持論ではなく、決められた立場によって述べなければならないとされる。
③ 発言に制限時間が設けられている。

④否定側・肯定側の順番に一〇分間ずつの第一討議を行なった後、休憩を挟んで自由討議を行なう。
⑤第二討議では各弁士に五分間の発言時間が与えられている。
⑥討論後に勝敗をつけない。
⑦討論会は聴衆を入れずに実施し、発言記録を誌上に発表している。

これらのルールから、この討論会は、多少の相違はあるものの、現在行われている「教育ディベート」にかなり近いものであったことが分かる。そして、このルールは「前1日米」「後1自力更生」「後2恋愛結婚」にもほぼそのまま適用されている。

また、大学対抗討論会の記事としての特徴は、全員の発言がそのまま掲載されているという点である。討論に先立って行われた「記者」の挨拶から、討論終結後の審判・議長の講評、記者の閉会挨拶までが、ほぼ発言のまま（という形で）掲載されている。大学対抗討論会以前の討論会を伝える記事が全体の雰囲気を伝えるだけ、あるいは発言の要点を示すにとどまっていたのに対して、大学対抗討論会では一人ひとりの発言がそのまま記録されたものとして掲載されている。そのため、従来の記事では行えなかった、発言の論理展開や前後の発言との呼応関係を具体的にたどることができる。師岡淳也「昭和初期のディベート教育の位置づけ――『雄弁』誌上の大学対抗討論会を中心として――」が指摘しているように、「これまでの討論史の研究では、史料的制約もあり討論会での議論の内容分析はほとんど行われてこなかった」のに対して、大学対抗討論会の記事では「討論会のすすめ方や議論の中身にまで踏み込んで分析すること」が可能になったのである。

この、発言記録をすべて掲載するという形式も、「中1英雄」を除いて、「前1日米」「後1自力更生」「後2恋愛結婚」の記事でも採用されている。

ただ、「中1英雄」では、討論する人数が九人であったり、最後に勝敗をつけたりとルールがやや異なっている。また、個々の発言者を採点するなど、大学対抗討論会の考え方とは大きく異なった進め方をしている（大学対抗討論会では、後で考察するが、個人個人が独立して意見を述べることは否定され、団体としての役割分担をして発言することが求められていた）。さらに、発言も要点のみが記載されるにとどまっている。

このように、大学対抗討論会の特徴として挙げた、現代の教室ディベートに近いルールの採用と発言記録の掲載という二点について、「中1英雄」はやや形式を異にしている。しかし、討論会の冒頭で行われた挨拶の中で、大学対抗討論会の開催によって全国に討論会の機運が高まっていることに触れ、明大予科がこの討論会を開催することによって「各大学間にデイベートト・テイーームを発生」させていき、全国に大学対抗討論会と同様のディベート式討論会が広まっていくことを願うと述べられている。したがって、「中1英雄」は、雑誌『雄弁』が主催した大学対抗討論会というディベート式討論会を、各学校が独自に開催していくための先駆けとして行われたことが分かる。ルールが異なるのは、大学と予科という発達段階を考慮したものである可能性があり、また、発言記録が掲載されなかったのは配当頁数の都合とも考えられる。このように考えて、「中1英雄」を大学対抗討論会の実践事例と捉えて一覧に加えた。しかし、差異が大きいことから本書で詳しく考察する対象からは外すこととする。

3 「指導者」と呼ぶ人々

なお、本書では「指導者」という言葉で、大学対抗討論会の運営指導に関わった集団を指示する言葉を用いる。その「指導者」というのは大学対抗討論会第一回から第一三回までに議長・審判として直接関わった人物を指すが、広義には議長及び審判を務めた人物全員を、狭義にはその中の第一回から第四回までの議長および審判を務めた人物を指す。具体的な人名については表1－1で示した。なお、第四回までを他と区別する理由については、Ⅳで検討するように、第四回までは大学対抗討論会実施の意図が語られ、議長、審判からそのルールや進め方についてかなり細かな注意が行われているからである。

表1－1 「指導者」一覧

広義	賀川豊彦、鶴見祐輔、清沢 洌、加藤咄堂、高島米峰、塚崎直義、北 昤吉、青木得三、高木友三郎、星島二郎、市川房枝、帆足理一郎、峯間信吉、千葉亀雄、谷川徹三、関 未代策、松原一彦、赤神崇弘、永井 亨、木村亀二、亘理章三郎、高島一郎
狭義	賀川豊彦、鶴見祐輔、清沢 洌、加藤咄堂、高島米峰、塚崎直義

（1）厳密には「実施記事が掲載された」時期ということになるが、本書では便宜上「行われる」と表記する。実際に何月何日にそれぞれの討論会が行われたのかは、記事の中に示されていない。

Ⅱ　弁論冬の時代のディベート

1　昭和戦前期はどんな時代だったのか

昭和戦前期は、言論が弾圧された闇の時代としてイメージされることが多かった。たとえば、やや古い資料になるが、大内力の『日本の歴史24　ファシズムへの道』[1]では次のように説かれている。

ファシズムの影響といっても、その現れ方は、社会・人文科学のばあいと自然科学のばあいとでは、かなり異なっていた。前者のばあいには、直接社会体制や社会思想に関連することが多いだけに、科学的研究や学説が直接に弾圧をうけ、窒息させられると同時に、神がかりの、ファシズムに迎合した議論——それはもはや科学とか学問とかとはいえないものであったが——

がこれに置きかえられていった。

そして、大内はこの文章を置いた章に「暗い谷間」という題名を付けている。このような章名にも、大内が昭和戦前期をどのように捉えていたのかが窺える。

また、井上奈良彦「第2章　日本におけるコミュニケーション教育の歴史　明治以降のスピーチ・ディベート教育を中心に」では、「大正から昭和前期」の記述を次のように始めている。

この時期の全体的な特徴としては、社会では「大正デモクラシー」と呼ばれるような自由主義的な風潮と共に雄弁演説のスタイルが確立していくものの、軍国主義の高まりと共に弁論冬の時代へと入っていく。

ここでは「軍国主義の高まり」がどの時期を指すのかが明確ではないが、大正から昭和前期という時代を、「弁論冬の時代」と規定している。

さらに、「コミュニケーション教育」としては、次のように述べている。

社会が戦時体制に向かい、民主主義的な政治手法が抑制されると共に、ディベートのようなコミュニケーション教育はその社会的基盤を失うことになる。ただ、演説が軍国主義的な思想のプロパガンダの手段となるように、ディベート（討論会）も形式を残したまま、論題や議論の流れは戦時体制を支持するようなものになった。

井上が具体的な例を挙げていないために、どのような事実を指して「ディベート（討論会）も形式を残したまま、論題や議論の流れは戦時体制を支持するようなものになった」と述べているのかは不明だが、「社会が戦時体制に向かい、民主主義的な政治手法が抑制されると共に」という表現が、先の「軍国主義の高まり」に対応するのだとすれば、このディベートをめぐる言説は、「弁論冬の時代」に対応したものということになる。

ここでも、「軍国主義の高まり」とともに、演説・ディベート（討論会）に代表される弁論活動は、「冬の時代」に入ったという捉え方が、昭和戦前期に対してなされている。

以上のように戦前期が捉えられてきたところから、ディベートという活動の日本への移入をたどる場合、昭和戦前期はこれまでほとんど具体的な事例を挙げての分析が行われてこなかった。師岡淳也・菅家知洋・久保健治の「近代日本における討論の史的研究に関する予備的考察」が指摘したように、これまでの討論に関する研究は、明治期前半に偏り、「明治二〇年代以降の討論に関する研究がほとんど行われていない」状態であった。

その中にあって、師岡淳也「昭和初期のディベート教育の位置づけ――『雄弁』誌上の大学対抗討論会を中心として――」は、雑誌『雄弁』が主催した大学対抗討論会を取り上げ、同討論会を「従来の演説会の弊害を克服した新しい雄弁道を確立するという旗印の下に、英米のディベーティング・ソサエティに倣ったディベート式の討論会であったとした。この論文は、大学対抗討論会に関する唯一の論考であり、「これまで第二次世界大戦後に本格的に導入されたと考えられてきたディベートを、軍国主義・全体主義の機運が高まる昭和初期に推進する動きがあったことを」伝えた意義は大きなものがある。そこで、次に項を改めて師岡淳也の論考について検討することにより、本書で考えていく課題を具体的にしていこう。

2　弁論から討論へ――師岡淳也が明らかにしたこと――

師岡淳也「昭和初期のディベート教育の位置づけ――『雄弁』誌上の大学対抗討論会を中心として――」では、大学対抗討論会の特徴として、次の三点があげられている。

（1）政党政治や産児制限の是非などの時事問題が論題として採用されていること
（2）形式が比較的しっかりと決まっていること
（3）現在の教育ディベートとの共通点が多いこと

まず、この三点について確認していく。

特徴（1）政党政治や産児制限の是非などの時事問題が論題として採用されていること

この特徴は、「主に非政治的論題を討議していた当時の青年団における討論会とは対照的であ」るという。さらに、文末注において、「大正4年に北海道一已町で設立された青年雄弁会では定期的に討論会が開催されていたが、そこでは『日本の服装は洋服にすべきき《ママ》か？　和服にすべきか？』『我々は食ふ為に働くか？　働く為に食ふか？』といった論題が使われている」としている。[2] それに続けて「但し、青年の間で政治的な議論が全く行われなかった訳ではない」として『小布施青年会沿革史』の記述を引用している。しかしながら、小布施青年団で「政治的な議論」が討論会の論題に取り上げられたかどうかについては触れていない。

確かに、師岡も触れているように、大学対抗討論会の第五回で「政党政治を排撃す」を討論題とした際に、冒頭の「記者」の発言として「これは今日、日本の時勢に最も接触して居る問題で」注目されているという言葉があるので、運営者側も意識して時事問題を取り上げていたことが分かる。

特徴（2）形式が比較的しっかりと決まっていること

この特徴については、「それまでの討論会が時間・人数・発表順序といった形式にはあまり注意を払っていなかった」ことと大きく異なる特徴だとしている。たとえば、福島県の「青年団の先駆けともいえる」団体の「演説討論研究規程」を例として「現在の教育ディベートのように、チームとして議論をしてはいなかった」とし、さらに一九三六（昭和一一）年の中村茂『雄弁の秘訣』の記述でも「相反する立場からお互いの主張を戦わせることを除き、具体的な進め方は説明されていない」という。それに対して、大学対抗討論会では、次のような形式で行われているとしている。

① 各チーム五名で構成されている。
② くじ引きで議論する立場を決定している。（この二点は「中1英雄」以外全ての討論会に共通している）
③ 否定側・肯定側の順番に一〇分間ずつの第一討議を行った後、休憩を挟んで自由討議（第二討議）に続く形式が最も多く使われている。
④ 第二討議では各弁士に五分間の発言時間が与えられている。
⑤ 九回目までは審判が適当なときを見計らって自由討議を打ち切り、討論会の終結を宣言している。
⑥ 一〇回目以降は第三討議が新たに追加され、現在の最終反駁に当たる結論討議を双方の側が行っている。

このような規則で行われたのが大学対抗討論会であり、従来の討論会と大きく異なる点であるとともに、現在の「教室ディベート」と極めて類似した形式であるとしている。

特徴（3）現在の教育ディベートとの共通点が多いこと

この特徴については、次のような具体例をあげている。

①チームとして一貫した議論を展開することが重要視されている。

②相手の主張に対する反駁を重視していた。たとえば、「現在の教育ディベートの試合でも一般的に用いられている」「まず相手の議論を要約した後に自らの主張を提示する反駁の構成」が用いられている。

③事前のリサーチに基づく論理的な議論の重要性が強調されている。

これらは、発言の内容や取り組む姿勢に関わることであり、教育ディベートでは指導としてしばしば強調される点である。したがって、特徴（2）で示された形式の類似と合わせて、内容面でも大学対抗討論会が今日の教育ディベートに近似していたことが特徴とされることになる。

以上のような特徴をもつ大学対抗討論会について、その開催された要因として師岡は次の三点をあげている。

（1）帝国議会と擬国会における討論のあり方に対する問題意識

（2）それまでの演説中心の弁論部の活動を変更する試みの一環

（3）弁論部に対する締め付けが強まる状況下で、危険思想を唱道する場に陥りやすい演説会の弊害を回避しようとする意図

これら三点についても、本文中の具体的な記述をたどりながら、内容を確認していこう。

要因（1）帝国議会と擬国会における討論のあり方に対する問題意識

まず、帝国議会と擬国会に対する批判について、師岡は次のように述べている。

当時は、一方的に自説をまくしたてる演説、節操のない野次の応酬、そして暴力沙汰が絶えない議会（とそうした悪習を模倣した擬国会）での討論にならない討論が問題視され、「デベーツマン・シップの徳義を重んじた」（「自殺」、1933. P.29）新しい議論形式が必要だとの認識が高まっていた。［傍点は原文による］

さらに、次のようにも述べる。

逆に言えば、『雄弁』は、討論会を冷静に議論する力を磨くための教育手段と限定的に捉えることで、鶴見祐輔（1936）が立憲政治に不可欠とする「科学的な態度、即ち事実と論理を主と

する態度」（P.65）をもった学生を数多く輩出し、議会における理性的議論の実現に寄与することを目指したのである。(3)

このように、「一方的に自説をまくしたてる演説、節操のない野次の応酬、そして暴力沙汰が絶えない議会」及びその模倣としての擬国会を批判し、「冷静に議論する力を磨くための教育手段と限定的に捉え」た討論会を開催することによって、「『科学的な態度、即ち事実と論理を主とする態度』をもった学生を数多く輩出し、議会における理性的議論の実現に寄与することを目指した」という。

ここでは、学生をやがては（おそらく議員として）議会に関わる存在として捉え、その学生に討論の進め方を教育することによって議会における討論の進め方を改善していこうという意図が『雄弁』側、すなわち大学対抗討論会の企画にあたった『雄弁』編輯部にあったということになる。

要因（2）それまでの演説中心の弁論部の活動を変更する試みの一環

まず、当時の演説の弊害を次の「3点に集約することができる」という。

・独りよがりの主張に陥りがちなこと。
・空疎な主張の欠陥を補うために、過剰なジェスチャーや誇張表現に頼る傾向にあること。

・聴衆からの野次の激しさ。

そのため、演説は一般学生から遊離しており、「『雄弁』自体が、大正期半ば頃より学歴エリートの間では読まれなくなり、弁論そのものの社会的位置づけが低下していたのである」としている。そのため「『雄弁』では、こうした旧態依然とした演説から脱却し、時代の変化に合った新しい雄弁のあり方を模索するなかで、ディベート式の討論に注目するようになったのではないか」と結論づけた。この結論の裏付けとして、師岡は安倍季雄(4)が一九三五(昭和一〇)年に『雄弁』に発表した「最近雄弁界の新傾向」の「私共が年来口を酸くして、雄弁道の確立の為めに、中等学校、青年団等の当局者に、新聞雑誌の暗唱演説よりも、討論会を盛んにするやう、お勧めして居るのはそれが為めである」を引用している。そして、一九三四(昭和九)年に掲載された「討論熱を盛んにする研究会」という座談会記事の中で「記者」が述べた「演説会の方は今では青年団、学生間等でなか〳〵盛んですが、あの雄弁会の熱を半分でも討論の方へ持つて来る事が出来たら、どんなに雄弁そのものがリフアインされるだらうと思ひます」という言葉に触れ、「『雄弁』編集局が時代の変化に合わせて演説から討論重視の雄弁への転換を図っていたことがうかがえる」と述べている。

しかし、後に検討するが、従来の演説中心の雄弁活動の問題点はしばしば具体的に指摘されており、その上で師岡が引用している記事にも、「雄弁道の確立の為め」「雄弁そのものがリフアインされる」ために討論会中心に方向を転ずる必要が説かれているのであるから、単に「時代の変化に合わせ」るためだという理由はやや消極的な解釈であるように感じられる。もっと積極的な理由があったのではないだろうか。

要因（3）弁論部に対する締め付けが強まる状況下で、危険思想を唱道する場に陥りやすい演説会の弊害を回避しようとする意図

大学対抗討論会開始直前の社会的な状況については、**はじめに**で確認したとおりである。そして、この時期の各校雄弁部の状況については、師岡淳也は次の事例を挙げている。

・第二高等学校では、一九二六（大正一五）年に入り、「学園の平和を攪乱する恐れ有る」という理由で、例会で発表する出演者の原稿は事前審査を義務づけられるようになった。
・早稲田大学雄弁会は一九二九（昭和四）年に解散に追い込まれた。
・日大雄弁会の活動に対する大学当局の介入が強化された。
・慶応義塾大学弁論部の部史でも、一九三二（昭和七）年以降は極端に活動記録が減り、一九三六（昭和一一）年以降の記述は全くない。

このような状況に加えて、「大会社や大商店で『弁論研究者が圧迫』されたり、『県下の青年雄弁大会が取りやめになる』事態」が生じたりしたために、『雄弁』は対策を講じざるを得なかったという。

たとえば、一九三〇（昭和五）年の「前1日米」で、討論についての講評の中で、当時衆議院議員であった植原悦二郎が、「私は各学校に於て思想問題などの為に、所謂《いはゆる》雄弁会といふものが多少今学校の幹部から圧迫されて居ることに対して、非常な悲しみを抱いて居る一人であります。」と述べていることにも触れ、「弁論部の学生を中心に盛り上がった雄弁ブームを牽引してきた『雄弁』が」「強い危機感を抱い」たことが、大学対抗討論会開催の背景にあったという。

そして、その回避の意図は、「討論を通して自分の意見とは逆の立場から議論したり、反対意見に耳を傾けたりすることによって、学生が自らの偏った意見を修正することを期待」する姿勢、「題目はあくまでも『借物』に過ぎず、討論は弁論の練習の場であることが強調される」ことなどにうかがえるという。

さらに、「注目すべきは、討論が、弁論部の学生が自らの過激な思想を反省し、公の場で主張することを自重する『文化的テクノロジー』（cultural technology）」としての役割を果たしたことだとして、「昭和初期の日本では自らの思想を独断的なものとして反省し、公的な場での主張を自重する主体を産み出す『文化的テクノロジー』としての役割を討論教育が果たしたのである」と結論づけた。

以上、師岡淳也の「昭和初期のディベート教育の位置づけ――『雄弁』誌上の大学対抗討論会を中心として――」の論をたどってきたが、全体としていえることは、大学対抗討論会と『雄弁』の動きを伝えることに主眼が置かれたため、明治以降さまざまに試みられたディベート移入史の中に大学対抗討論会を十分な説得力をもって位置づけるまでには至っていないということである。また、企画運営に関わって指導的立場にあった者たちが、どのような指導理念をもち、実践の場でどのように指導したか、さらにその指導はどのような成果をもたらしたかについても十分には踏み込んでいない。

したがって、本書では、雑誌『雄弁』企画による大学対抗討論会が、ディベート移入の歴史の上で、それ以前の移入の試みに対してどのような意味をもつのかを考えていくことにする。

＊　＊　＊

本章では、昭和戦前期のディベートについてこれまでに何が分かっていたのかをたどった。つまり、昭和戦前期は弁論活動にとって「暗い谷間」「冬の時代」と捉えられてきた。しかし、師岡淳也が「昭和初期のディベート教育の位置づけ――『雄弁』誌上の大学対抗討論会を中心として――」により、雑誌『雄弁』が主催した大学対抗討論会の存在を示した。この論文によって、一九三三(昭和八)年から一九三五(昭和一〇)年という昭和戦前期に、大学生を中心としたディベートが行われていたことが明らかにされた。同論文が大学対抗討論会の存在を伝えた意味は大きなものであるが、ディベート移入史に位置付けて大学対抗討論会の意味を検討することは十分でなかった。そこで、本書では、大学対抗討論会がディベート移入史においてどのような意味をもつのかを考えていくことにする。

（1）同書の巻末に付された編集部の解説によれば、同書は、一九七四（昭和四九）年九月に中公文庫として刊行されたものの新装改版である。底本としては一九九四年三月刊の第三版を使用したという。
（2）「大正4年」の北海道一已町の例を「当時の」事例として比較することには疑問を感じる。
（3）「鶴見祐輔（1936）」という資料は、同論文の引用資料に見当たらず、また一九三六年発行の『雄弁』にも該当する記事がない。一九三〇（昭和五）年六月の鶴見祐輔の「新雄弁法六講　討論の仕方」には引用された表現と同じ記述があることから、「鶴見祐輔（1936）」は、「鶴見祐輔（1930）」の誤記と考えられる。
（4）「昭和初期のディベート教育の位置づけ――『雄弁』誌上の大学対抗討論会を中心として――」では、「安部」と表記されているが、誤植であろう。

Ⅲ　大学対抗討論会の実際

では、いよいよ大学対抗討論会とはどのように行われていたものなのかを確認していく。しかしその前に、大学対抗討論会以前に行われていた討論会とはどのようなものだったのかをまず確認しておこう。

1　それまでの討論会はどんなものだったか

大学対抗討論会以前に行われていた討論会として、その代表的なものは二種類あった。一つは、法律学校を中心に行われた法律解釈を討論題とした討論会であり、もう一つは、慶応義塾で始められ、自由民権運動を通じて全国に知られ、高等学校や中学校を中心に学校教育現場で実践されるようになった討論会である。前の例は検事・弁護人としての法廷活動を想定したものであり、後の例は政治家としての議会活動を想定したものであった。どちらも、特別な場面における、検事・弁護人や政治家という特別な職業人の養成を目指した活動であった（中学校・高等学校での実践であったため、在籍する生徒たちの進路を考慮した活動となることはむしろ当然であるとも考えられる）。それら二種類の討論会活動を大学対抗討論会以前に行われていた討論会活動とし、『雄弁』の記事の中にその具体的な内容を確認しておきたい。

（1）法律解釈としての討論会

まず、法律の解釈をめぐる討論会を確認しよう。たとえば、『雄弁』の創刊号に掲載されている法政大学雄弁会が主催した討論会の例「法政大学討論会」がある。[1] その討論会は、次のような論題で行われたものであった。

甲が乙を招いて上野精養軒で一緒に牡蠣料理を食べたところ、料理の中から真珠が出てきた。この真珠は誰に所有権があるか、つまり、料理を注文した甲、料理を食べようとして真珠を発見した乙、料理を提供した店主の丙、三人のうち誰のものかを争うというものである。裁判での発言を想定している。

出題者「法学士乾政彦氏」が討論題について説明し、発言予定者が多いために「一人拾五分に限る旨を告げて討論に入」ったが、「乙説を主張するもの五名丙説を主張するもの四名甲説一名都合十名の弁士各々交互に登壇して相論じ相駁し四時半に至り討議を終へたり」という。

討論の内容を『雄弁』は次のように記す。

議論の内容を一々記す能はざるも之を要するに甲丙間の法律行為は売買契約甲乙間は贈典契約成立すとなすは多数の一致する所にして乙説はその真珠発見を或は先占（民二三九条）或は埋蔵物発見（民二四一条）或は即時々効（民一九二条）或は天然果実取得（民八九条）となす然るに先占は「無主物」埋蔵物発見は「所有者の知れざる」の説明に窮せる如し丙説を主張するものは多く甲丙間併びに甲乙間の法律行為に錯誤ありしものとなし真珠の所有権尚ほ丙に存すと説き甲説は常識より見てより甲へは殻と共に移るも甲より乙へは肉のみ移るものと云へり

法律上の関係としては、甲と丙との間に売買契約、甲と乙との間には贈典契約が成立しているというのが「多数の一致する」点であり、乙の所有物だと主張する者は、真珠の第一発見者である点を「先占」「埋蔵物発見」「即時々効」「天然果実取得」を根拠とした。しかし、「先占」は「無主物」であり、「埋蔵物発見」は所有者不明の場合であるので、共にこの事案には当てはまらないと指摘されて説明に窮した。丙の所有物だと主張する者は、甲と丙、甲と乙との間にはそれぞれ法律上の判断に誤りがあるとした。甲の所有物だと主張する者は常識として真珠は牡蠣の殻と共に甲に与えられ、乙には牡蠣の肉だけが渡されたにすぎないとした、という。

民法の該当条項を具体的に指摘しながら、それぞれの判断を述べるというものであった。

最後に、発題者からこの論題は当初「独乙ハンブルヒの一料理店が広告の為めにか丶る事実を捏造した」ものであるが、その後「法曹界の問題となりしものなり」と討論題の由来の説明があり、「甲丙間の法律行為は単純なる売買契約にあらざる事及び殼は軒主が皿を出し乙か《ママ》肉の占有を得し瞬間に無主物となる故先占取得説正しき事等を説明し」たという。法律の解釈と適用であるので、どの説が正しいのかが明らかにされる。甲乙丙いずれの説も成り立つというものではない。その後、三名の発言者に対して、次のような賞が贈られている。

　左のものに賞与を授け拍手の裡に五時半閉会
　　第一等　丙説内藤重次郎
　　第二等　丙説小松政九衛門
　　第三等　乙説清水郁

この記事では、実際の討論の中での発言が記録されているわけではない。そのため、この三名がそれぞれどのような発言をしたのかは不明だが、討論会の中での発言から三名が選ばれるということは、少なくとも各発言がそれぞれ独立した内容をもっていたことを示すものである。

この他、『雄弁』の初期に掲載された同様の討論会を扱った記事として、第一巻第五号に掲載された「京都法政大学懸賞討論会」の例がある。[2] この討論会では、「甲者ピストルを以て乙者に汝の命を絶つべしと脅迫せり然るに丙者乙者の権利防衛のため甲者を撲殺せり後調ぶる所によれば甲者の使用せしピストルには弾丸無かりしと丙者の処分如何」（甲がピストルで乙を脅かしたところ丙が乙を守ろうとして甲を撲殺した。ところが、甲のピストルには弾が入っていなかったことが後から判明した。この場合、丙の処分はどうなるか）を討論題としている。

また、第二巻第一号に掲載された「法政大学討論会」では、「民事裁判所を欺罔し虚偽の債権を主張して勝訴を得たり此の判決に基きて有体動産の差押を為したる行為は窃盗犯なりや」（民事裁判所で虚偽の債権を主張して裁判に勝ち、有体動産の差押えをした場合、窃盗犯となるか）を討論題としている。

ここで伝えられている討論会は、いずれも法律解釈や法律の適用を巡る問題を討論題としている。しかも、法政大学の記事では、丙説を主張したものが二名乙説を主張したものが一名「賞与」を受けているところから、法律を適用する正しさとは別の要素が討論会では求められていたことが分かる。

『雄弁』の記事以外では、明治大学の記念誌『明治大学百年史　第二巻　史料編Ⅱ』が「現在、判明している討論会の論題」として明治二一年六月二日の「我国に於て立法上民事の宣誓は必用《ママ》なるや否や」を最初の討論会の例として示している。

ただ、大学の討論会が最初からこの内容で始まったものなのか、それとも何らかの理由によりこの方面に限定されたものなのかについては、判断材料が不足しているために、今は結論を保留しておく。

さらに、一九一五（大正四）年の『雄弁』第六巻第四号には、「日本大学主催都下各大学連合懸賞討論会概況」と題した記事が掲載されている。[3] この企画は、日本大学が主催して複数校の学生が参加した討論会であるが、討論題は『源平盛衰記』の伝える遠藤盛遠（事件後出家して文覚と名乗る）と袈裟御前の事件を現代に翻案したものを現代の刑法でどのように裁くかを巡るものであり、法律の解釈や適用に関する討論会であった。参加大学は、明治大学・日本大学・中央大学・早稲田大学・法政大学であり、いずれも後の大学対抗討論会の参加校である。明治大学は明治法律学校、日本大学は日本法律学校、中央大学は英吉利法律学校、法政大学は和仏法律学校というように、早稲田大学の東京専門学校を除いて、いずれも法律関係の専門学校を前身とする学校である。

このように、大正の中期まで、法律の解釈適用を巡る討論題を扱う法律学校系の討論会が催されていたことが、『雄弁』の記事からも解る。

(2) 政策討論としての討論会

従来行われていた討論会には、もう一つ、対立する二つの立場に分かれて特定の論題について各弁士が自分の意見を発表するという討論会がある。一つ目の討論会も大きく見れば、この討論会に含まれるが、ここでは法律の解釈ではなく、政策等を扱うものを分けて、第二の討論会とした。

たとえば、一九一二（明治四五）年の第三巻第三号には、「現行選挙区制度を小選挙区とするの可否」を討論題として「二月四日に東京帝大法科の緑会」で行われた「討論会」の内容を伝えた記事が、「落葉生」による記事「大選挙区か小選挙区か」として掲載されている。この討論題は当時話題となっていた「選挙法改正問題」を扱ったものである。弁士は「大選挙区論者」と「小選挙区論者」に分かれて、それぞれの立場から意見を述べている。初めに学生から各立場四名ずつの計八名が出て発言し（その内の一名は戦後首相となった芦田均）、その後に「学士が一人博士が四人代議士が二人出論した」という。記事では、それぞれの発言に講評が付されている。たとえば、「小選挙区論者」の三人目として名前のある芦田均については、次のような評がある。

現下の日本にては桂党＝上院派と、西園寺党＝下院派との二政党二大派があると思はれる、然るに上院は厳として動かぬ金城鉄壁に拠れるに反して下院は解散やら選挙やらビク〳〵する処がある、下院議員をしてビクツカぬために安全策として小選挙区制に賛すると云つたのは、一寸面白いと思つた、結論は或は無理にクツツケたのかもしれぬが論序の或部分には文明批評の言葉があつた。

芦田の前にどのような発言があり、その発言を芦田がどのように受けた発言であったのかは不明だが、当時の議会政党の状況を背景に、下院議員と選挙との関係を基にして小選挙区制の妥当性を支持するという主張は、これだけで演説と同じようなものだと受け取れる。この討論会は、各発言者が連携して一つの主張をするというのではなく、一人ひとりが個別に論を立てて主張を述べるという形態だったことが想像される。

同じ号には早稲田大学雄弁会が前年の一二月一六日に行った「公開大討論会」の記事も掲載されている（易水生「早稲田大学雄弁会消息」）。これは、「海軍拡張案の可否」を論題とするもので、「積極論者」一一名、「消極論者」一〇名によって、午後一時に始まり午後五時三〇分に終了している。そして、最後に採決を行い、「積極論者大多数を以て大捷（たいせふ）を得た」という。全体の構成は三部に分かれ、第一部は「積極論者」「消極論者」の「特別指定弁士」の四名が二〇分間ずつ「説明」し、第二部は「討論弁士」の六名ずつが五分間ずつ「説明」し、第三部は永井柳太郎・田中穂積・樋口勘次郎を始めとした五名が「招待弁士」として三〇分間ずつ「説明」している。記事では「説明」としているが、二〇分三〇分ずつ発言したのでは、「説明」というより実態は「演説」ではなかったたか。ここでは、第二部最初の九名の発言について、同記事の中から、発言者名とそれぞれの発言内容の一部を抜き出してみよう。

舟崎「平和論者の言論は空中に楼閣を築かんとする妄言にて海軍不必要を説く者は国家の撲滅策を奨励する者なり」

沖口「財政上と内政上より如何に観察するも此拡張は全然不必要なり」

神村「海軍拡張が不必要と曰ふ者は先づ須（すべか）らく太平洋を陸地に変んず可し」

高広「積極論は灰殻的悪夢に襲はれつゝ有る好奇心の奴隷で御座る」
寒河江「拡張が不可能なるが故に能はずと論ずるは日本が亡ぶならは亡ぶ可しと曰ふ者なり」
大戸「今後日本の敵は独逸なるを以て独逸と戦ふ可く海軍拡張は絶対に不必要なり」
堀川「日本発展策中唯一の方法は海軍拡張に在り軽々しく是に反対する論者は真の愛国論者に非ず」
稲田「苛斂（かれん）〔税金などを厳しく取り立てること〕と誅求（ちゅうきう）〔税金などをしぼりとること〕と相和して国民の財袋今や空しからんとするの時更に軍備の為に国民の膏血を絞らんと欲するは是れ宛然（さながら）桀紂〔暴君であったとされる古代中国の桀王や紂王〕惨逆〔平気で人や動物を苦しめ、虐げること〕に倣（なら）はんとするなり」
鈴木「貿易保護と国家防御上若し海軍拡張を等閑視するが如きは廿世紀の趨勢と島国の性質を知らざる迂愚の論なり」

この調子で各発言者が一回ずつ発言している。この記事は、発言の筆記ではなく要点のみに限定された記事ではあるが、それでも各発言がそれまでの発言に反駁したり、誤りを指摘したりするのではなく、各自がバラバラに自分の意見を述べている様子が読み取れる。
たとえば、二人目の沖口が「財政上と内政上」の理由をあげて海軍拡張に反対したのに対して、「財政上と内政上」の問題については八人目の稲田が再度持ち出すまで誰も触れていない。また、触れないことを問題にもしていない。大戸の「今後日本の敵は独逸なる」についても同様である。第一次世界大戦を目前に控えたこの時点らしく、ドイツと戦う以上海軍拡張は不必要であると主張したのに対して、その後誰も支持も反対もしていない。このような進行の仕方について記事の中でも何も触れていないので、この討論会の展開の仕方は他の討論会に比べて特別なものだったのではなく、他の討論会もほぼ同様な傾向をもっていたということができる。

つまり、この種の討論会は、一つの論題に対して二つの立場に分かれ、それぞれがそれぞれの論点から意見を述べ合うものだということになる。

さらに、一九一五（大正四）年の第六巻第四号には、「六高弁論部日露攻守同盟大討論会記事」と題された記事が掲載されている。[4] これは、第六高等学校の催しとして、日露同盟を巡って「積極党」と「消極党」に分かれて、政策を討論したというものである。

また、一九二一（大正一〇）年第一二巻第一号の「雄弁便り」には、前年の一一月一六日午後六時から神田青年会館で「各大学弁論部学生諸君の主催に係る」討論会が行われたとの記事がある。主催者とされる委員は「創立委員」として早稲田大学・東京帝国大学・専修大学の三校の学生、「総務委員」として明治大学・中央大学・立教大学・早稲田大学・慶応大学・東京帝国大学・日本大学・拓殖大学・東京商科大学・東京外国語学校・高等師範学校の一一学校の学生が名を連ねている（このうち、明治大学から拓殖大学までは大学対抗討論会の出場校である）。討論題は「日米戦ふべきか否か」であり、参加希望者は「ハガキに開戦論又は非戦論の別を記して」申し込むことになっていた。ここでは、複数の大学の学生が合同で主催者となり、政策を討論題として討論会を行っている。また、出場校に大学対抗討論会の参加校が大半を占めているところから、当時の学生弁論活動の中心的な存在がこの討論会に参加していたとも考えられる。

その他、一九二一（大正一〇）年第一二巻第八号には、「一委員」名による「東洋大学討論会――私有財産撤廃の可否――」と題された記事がある。この討論会では、五〇名の発言者があり、「六月二十九日午後二時から」始まり「討論会が終つた頃には快い夜風が散じ行く人々の頬を吹いてゐた」という。この討論会でも、政策を論じ、かなり長い時間をかけて討論会が催されている。この五〇人が互いに役割を分担して討論をし合ったとは考えられないので、各自が「可否」どちらかの立場でそれぞれ演説したものと思われる。

これら政策討論としての討論会の特徴は、発言者が多数である点、一人ひとりがそれぞれの考えを演説している点である。したがって、討論会は長時間に及ぶこととなる。

擬国会と討論会

また、政策討論としての討論会と類似した企画に「模擬国会」あるいは「擬国会」と呼ばれるものがあった。これは、帝国議会を模した企画であり、『慶応義塾弁論部百三十年史』によれば、一八八〇（明治一三）年に慶応義塾では「来たるべき国会開設の準備として議事討論の練習を起し、塾生に対する政治的関心の高揚と政治思想の涵養を意図して」開催した「議事講習会」という催しがあったという。一八八〇年というのは、「国会開設の詔《みことのり》」の発布（一八八一年）以前であり、国会開設・憲法発布も定かでない時点である。そのようなときに「会議の方法や議題の選定等について研究した」点に、慶応義塾という団体、啓蒙家福沢諭吉という人物の先進性が感じられるが、それ以後、色々な団体、学校で模擬国会・擬国会が開催されている。なお、名称としては、本書では以下煩雑を避けて、「擬国会」で統一する。

その擬国会と討論会との関係であるが、一九一二（明治四五）年の『雄弁』第三巻第六号が掲載する無念坊を筆者名とする「二高討論大会傍聴之記」には、「擬国会がやれなくなつたので其の換りといふのだらう」「かく迄言論の上に抑圧を加へられる現代の学生が可愛さうぢやワイ」という感想が述べられている。第二高等学校の校友会記念誌『尚志会全史――二高創立五拾周年記念――』によれば、一九一二年二月一四日に第五回校内討論会（討論大会）が開催されている。「二高討論大会傍聴之記」では討論大会を二月二四日のこととするが、この第五回討論大会を報じたものと考えられる。このときは、顧問として「大学総長県知事以下」一四名、専任議員として学外者及び二高教授二四名、二高生八四名が参加し、「我国に於て結婚税を課するの可否」「仲裁裁判は世界の平和を永遠に保持し得るや否や」という共に政策を討論題としており、最後に採決して勝敗を決している。『雄弁』の記事では擬国会の代替企画が討論会だと述べていたが、同記念誌でも「名士の論戦が覇気に充ちて居た為予想以上の結果を得、擬国会の欠を十分補うて余があつた。」と述べているので、（少なくとも記念誌発行時の一九三七年において）擬国会が開けない代償として討論会を行という意識が学生側にもあったことが分かる。

さらに、第二高等学校弁論部による擬国会「蜂章議会」は、一八九四（明治二七）年から一九一八（大正七）年まで計一二回開催されている。しかし、第九回蜂章議会が開催された一九一〇（明治四三）年二月一二日以降、討論大会が連続して開催され（一九〇九年一一月二七日、一九一〇年一一月二六日、一九一一年四月二三日、一九一一年一一月二五日）、この第五回に至っている。その後も討論会は一九一三（大正四）年まで続き、一九一四（大正五）年四月一五日に第一〇回蜂章議会が開催され、一九一六（大正七）年五月一一日の第一二回蜂章議会に至るが、この間討論会は開催されていない。このように、討論会が開催されたのは擬国会が開催されない年にほぼ限定されているという事実も、「二高討論大会傍聴之記」の記述を裏付けるものである。

このように擬国会を開催しない代償として討論会を開催するということが第二高等学校だけの特殊事情であったのかどうかを示す明確な資料はない。しかし、「二高討論大会傍聴之記」が「擬国会がやれなくなつたので其の換りといふのだらう」「かく迄言論の上に抑圧を加へられる現代の学生が可愛さうぢやワイ」というように、擬国会が開催されなくなったこと自体を伝えることよりも、それを事実として受け入れた上で感想を述べ、討論会の内容を伝えることに重点が置かれているところから、他の高等学校でも同様の状況であったことが推察される。そのように第二高等学校と同様の事情を抱えた所では、政策討論を目的とした討論会は、擬国会の代償物というように、その開催に対して消極的な価値づけがなされていたということができる。

したがって、先に見た法律解釈としての討論会が、法曹界での活動を想定したものであるのに対して、この政策討論としての討論会は、擬国会の代償として開催されたことから、議会での活動を想定したものとみることができる。

以上のように、法律解釈としての討論会も、政策討論としての討論会も、法曹界や政界で活動する人材の育成を期したものであった。

2　ディベート式討論法をどのように広めようとしたか

では、それまで行われていた討論会に対して、新しい討論会をどのように移入しようとしていたのだろうか。その問題について考えていくために、主催者・指導者たちの普及への意識がどのような具体的な動きとなって現れていたか、新しい討論会の方法（ディベート式討論法）を移入するにあたってどのような意識を持っていたのかをまずたどってみよう。そして、それらを読者にどのように説明していたのかを検討すると共に、この企画をどのように普及していこうとしていたのかも併せて考えていこう。

そこで、次の三つの観点から『雄弁』の編輯部や指導者たちがディベート式討論会というものをどのように理解し、どのように普及させようとしていたのかを確認していくことにする。

（1）討論の方法・ルールがどのように説明されていたか。

（2）参加者に対する指導がどのように行われていたか。
（3）編輯部や指導者たちが大学対抗討論会という新しい討論会の形式に対してどのような姿勢でいたか。

（1）討論方法・ルールの示し方

それまでとは異なる方法・ルールで行われる討論会を参加者や読者に十分に理解させなければディベート式の討論会を開催することも、その記事を読む者たちに討論会を理解させることもできない。では、編輯部や指導者たちは、どの点を強調し、どの部分を詳しく説明することで、参加者や読者に新しいディベート式討論会を理解させようとしたのだろうか。

大学対抗討論会では、その第一回と第二回のそれぞれ冒頭で、議長から討論会のルールについて詳しく説明している。そして、そのルール説明は、討論後の講評に密接に繋がっていく。新しい討論会のルールを最初の二回で徹底しようという意図があったものと考えられる。そこで、その二回の大学対抗討論会冒頭で、討論方法がどのように説明されていたのかをまず確認しよう。

大学対抗討論会の第一回であった「①自殺」の冒頭で、記者からこの企画に対する編輯部の考えが説明された後（この説明内容については項を改めて検討を加える）、議長の賀川豊彦が討論会のルールを説明している。その内容はおよそ次のとおりである。

a　発言の立場は「抽選の結果互に可否を決めるといふやり方」によって決められる。

b 座席は、「否とするものが左側（議長から見て右側）に座り、可とするものが右側に座」る。
c 「最初反対側、即ち可とする者が立つて討論を開始」し、その後交互に一人ずつ発言する。
d 討論はチームとして取り組む。
続けて行われた第二回の「②田園文明」では、第一回で示されたルールのうちdについて念を押した他に、次の二点が説明される。
e 各討論者は一〇分間ずつ主張をのべる。
f その後、自由討議を三〇分行う。
これらのルールのうち、adefについて次に詳しくたどってみよう。

a 発言の立場について

発言の立場を本人の持論とは無関係に決める点について、賀川豊彦は次のように説明している。

そこで、その方法でありますが、先づ可とするものと、否とするものと、即ちアクチヴとネガチヴとの二つに分れまして、論議を戦はせるのでありますが、その分け方に就て、甲の団体と、乙の団体とが抽選の結果互に可否を決めるといふやり方もあります。之は一見いさゝか無理な事のやうに思ふ方があるかも知れませんが、法律関係の事などでは自分が否とするものでも、弁護人の立場から、矢張り相当にその犯罪者なら犯罪者、或は被告なら被告を弁護してやる立場を執《と》らなければならぬ場合もありますし、政党とか、何か組合とかさう云つたものに関係して居りますと、自分はさう思はぬけれども、党の立場からその党の意見に従はねばならぬといふ場合もあらうと思ひます。さういふ意味から、必ずしも否《そむ》とするもの、可とするものが、絶対的に自己の論旨に反いて反対の立場をとつてはならないと云ふ様に窮屈に考へる必要はないのではないか——この点に就て私は相当な論議の余地が残つて居ると思ふのであります。〔傍線は引用者による。以下同じ〕

討論会のルールの説明として、立場の決め方を最初に述べている。常識的には、ルールの説明としては、発言の時間制限とか順序とか、まずは討論会全体の進行に関わることを説明し、その後に、事前に行ったこと、立場決めのような細かな手順を説明することになると思われる。ところが、ここでは、事前に行ったことからルールを説明していることになる。しかも、この説明では、「可とするものと、否とするも

賀川豊彦　一八八八（明治二一）年～一九六〇（昭和三五）年。キリスト教伝道者。社会運動家仏教学者。神戸で極貧の人々とともに生活しながら伝道。一九一四（大正三）から二年間アメリカのプリンストン大学および神学校で学んだ。この間、ニューヨークで労働者のデモ行進に遭遇したほか、ユタ州で小作人組合の運動を直接指導したという。帰朝後、貧民救済、労働運動に深く関わった。

一九二〇（大正九）年に出版された自伝的小説『死線を越えて』が大ベストセラーとなり、その他の著作も伝道活動と相まって広く読まれた。巡回伝道、震災救護活動などを積極的に展開した。

『雄弁』にも昭和に入る頃から著作が掲載されている。

の」の分け方として「抽選の結果互に可否を決めるといふやり方もあります」と述べているだけで、この討論会でどのように決められたのかが、明確には語られていない。しかも、すぐに「之は一見いさゝか無理な事のやうに思ふ方があるかも知れませんが」という語句によって、「抽選の結果互に可否を決めるといふやり方」の弁護をしており、最後も「絶対的に自己の論旨に反いて反対の立場をとつてはならないと云ふ様に窮屈に考へる必要はないのではないか——この点に就て私は相当な論議の余地が残つて居ると思ふのであります」とかなり遠慮した述べ方になっている。

この説明の直後に「可とするものと、否とするもの」の座席の説明をしているので、この討論会ではどのように可否の立場を決めたのかが結局明確には語られることがない。

しかしながら、ルール説明の最初に、発言の立場の決め方に就いて述べたということは、大学対抗討論会の運営に関わるものたちが、この点についてかなりのこだわりを持っていたということを物語っている。

しかも、この大学対抗討論会の中で、この「可とするものと、否とするもの」の決め方についてはこの後も度々触れられることになる。

もと〳〵これは弁論練習を主といたしての催《もよほし》でありますから、是否の両側の分類は予じめ籤引《くじびき》で願つたのでありますし、又、こゝに絶対的の結論を求めようとするのでもなく、勝敗の如きも当分はその決定をお預りしておきたいと存じます。[「④死刑」における冒頭の記者挨拶]

こゝに『ブロック経済を強化すべし』といふ問題を掲げ抽選によつて明大側が賛成論、これに対して慶応側が悲観論の立場から意見をお述べになるといふことで、討論をすることになりました。［「⑥ブロック経済」における冒頭の記者挨拶］

便宜上、慶応の方《かた》に純文芸の、早稲田の方に大衆文芸の立場に立つものと仮定して、論を進めて頂きたい、これは重々無理なお願であるといふことは、私共も充分承知してをりますが、かうした立前《たてまへ》の下《もと》に論議を進めて頂かないと、討論といふ形式が成り立たないのでございます。そこで、この点をお願ひ申上げましたところ、両校の学生諸君は、心よくこの点を御諒承下さいまして、こゝに本日お集りを頂くことが出来ましたことは、誠に感謝の他はございません。左様な事情でありますから、早稲田は大衆文芸派の学校であり、慶応は純文学畑の学校であるとでも思はれましたら、それこそ大間違ひである。（笑声）［「⑨大衆文芸」における冒頭の記者挨拶］

抵抗感とその対策

このように大学対抗討論会の中で、しかもほとんどが討論会冒頭に、発言の立場が仮に決められたものであるということが繰り返し説明されるということはどういう理由からであろうか。まず考

（「④死刑」の討論風景）

えられる理由は、持論ではなく、決められた立場から意見を述べることへの抵抗感がかなりあり、それを払拭するというものである。その抵抗感は、学生からではなく、関係者から直接述べられた。たとえば、「④死刑」では肯定側であった法政大学の引率者木村亀二が、討論後の講評の中で次のように述べている。

法政の人は元来が死刑反対論者であるにも拘らず、役割上賛成論者の立場に置かれたといふ風な点が、いま塚崎先生が仰有《おつしや》つたやうに甚だ不利な地位に置いた。元来無理があつたと私は思ふのであります。

法政大学の出場者は元来が死刑反対であるのに、今回は死刑を肯定する側に立たされたため、不利であったし、無理があったと述べている。大学対抗討論会の中で、発言の立場を決められるというルールへの批判とも受け取れる発言である。それに対して、議長の清沢洌が次のように論評を加えている。

討論の内容については、その場合によつて利益の側もあり、多少不利益の側もあります。しかし討論会ではその不利益な内容を、どれだけ有利に展開してゆくかといふ点に最も大切な技術があるのです。即ち英語のいふデリヴエリー〔「delivery」で、「話し方、弁舌、話しぶり」などの意がある〕といつて、その理論を旨くさばくことを考へねばなりません。また対手の不用意な論理をついて、自分の方に有利に転開させることも必要です。故に西洋の強いデイベートのチームは、何れ《いづ》の側にまはつても勝つて来ます。

木村の発言に対して反論するとはっきり述べていないが、先の木村の発言に対する反駁であるのは明らかである。「討

清沢洌　一八九〇（明治二三）年～一九四五（昭和二〇）年。ジャーナリスト、外交評論家。一九〇七年（明治四〇年）、一七歳のときアメリカ合衆国に移民したが、やがて邦字紙の記者となり、現地日本人社会で著名な存在となった。その後、日本に戻り、堪能な語学力を買われて国際ペン・クラブ世界会議の日本代表となり、世界各所で精力的な講演活動を行った。

帰国後は経済評論家・社会評論家として活躍したが、政治色が強まると共に執筆が制限され、発表の機会を失い、戦争終結の直前、一九四五（昭和二〇）年五月二一日に肺炎のために死亡した。戦争中の生活をつづった『暗黒日記』が死後に出版された。

論会ではその不利益な内容を、どれだけ有利に展開してゆくかといふ点に最も大切な技術がある」という言葉は、木村の「(法政大学は）不利な地位に置」かれたという発言を受けた表現である。「不利」ではなく「不利益」としたように表現をやや変えてあるのは、引率者である木村亀二の立場に配慮したからではなかろうか。木村が持論とは逆の立場に置かれた点を問題とした以上、その形式で行われる討論会の審判を務める清沢冽にとっては決して疎かにはできないことであった。だからこそ「討論会ではその不利益な内容を、どれだけ有利に転開してゆくかといふ点に最も大切な技術がある」「西洋の強いディベートのチームは、何れの側にまはつても勝つて来ます」という述べ方で、法政大学側の技術不足を指摘したのだろう。英語の「デリヴヱリー」を持ち出すことで、まずは話し方で工夫することを求めたのである。

木村亀二はここで清沢に批判されることとなったが、後に「⑬暑中休暇」で議長を務めている。そのときの討論後の講評では「今日皆さんが仮令《たとへ》仮想的な立場に於てであれ、色々の方面からよく研究をされ、且総ての点に触れて議論を展開せられ、吾々に思索暗示を与へて下さつたことを、非常に嬉しく思ふのであります」と述べている。討論を行った二校ともに「仮想的な立場」ではあっても、つまり持論とは関係なく決められた立場から意見を述べることになってはいても、よく準備し、議論を展開したということを高く評価した言葉である。ディベート式討論法への理解が進んだということだろう。

この、持論とは無関係に立場を決め、その立場から意見を述べることが求められるというルールの意味については、Ⅵでもう一度検討していきたい。
また、先に引用した「①自殺」の賀川豊彦の発言の中で、例として示されているのが「法律関係の」「弁護人」と「政党とか」「組合とか」に関係している人物であるという点には、従来の討論会がそのような人物の育成を目指した活動であったことを意識したものであることが感じられる。

d　チームとして取り組むことについて

次に、チームとして取り組むことについて、どのように説明していたかをたどってみよう。それまでの討論会では、個人的に賞が与えられた例があるように、(5) 一人ひとりが自分の論を展開するものであった。したがって、大学対抗討論会がチームとして互いに役割分担して発言することを求めたということは、従来の討論会に対して大きく異なる点であった。この違いをどのように説明し、徹底させようとしたのだろうか。たとえば、「①自殺」の冒頭で、議長の賀川豊彦が行った注意の中に、次のような発言がある。

例へば第一の人が、彼処《あそこ》をあゝ言へば宜かつたと思へば、第二、第三の人に注意する、或は最後の人の時には、この部分を抜かしたらいかぬといふ御注意を、先に済ました方がして、五人なら五人の方は一つのオルガニツク・ユニテイ即ち有機的な統一性を以つて、共に一方の弁論を持ちつゞけるやうにして戴きたいのであります。［中略］さうして休憩の時などには、あの点に就いてはかうやらうぢやないかといつた風にお互に御相談して下さつても差支《さしつかへ》ないと思ひます。さうしてベース・ボールや、フツト・ボールと同じやうに、駆引きをうんと頭に入れて、思想的に対抗するやうな態度を執つて戴きたい。スポーツマン・シツプ――といふと変でありますが、とも角、正々堂々、デベーツマン・シツプの徳義を重んじて戴き度《た》い。個人的攻撃や冷かし半分の言論は、共に慎みたいと思ひます。

ここでは、チームとして協力して発言を行うこと、「思想的に対抗する」ようにすること、「個人的攻撃や冷かし半分の言論」は慎むことが求められている。

また、「②田園文明」では、第一回に続けて議長を務めた賀川豊彦から、次のような注意がある。

五名の討論者は、皆一つの有機組織でありますから、前の弁士が言ひ残した点を後の弁士が補ふために、紙や、或は必要ならば別に座を外して相談をして下さつても、少しも差支ないのです。後に審査せられる場合に於ては、個人々々の要点は勿論でありますけれども、団体としての御批評もございませうから、その点を能く御含み置きを願ひます。

ここではチームとして連携して取り組むための具体的な方法が例示されると共に、事後の講評の中で言及されることが予告されている。「①自殺」の説明よりも具体化し、強調されているという印象である。

討論後の講評の中では、「①自殺」の賀川の講評の中で、最初に次のように指摘されている。

先づ初めての会でありました為に、討論者の方の分担が決つてなかつたやうに思ふのであります。即ち或人は社会的方面を取り、或人は精神分析といふ方面を取り、或人は道徳的方面を取り、或人は哲学的方面を取り、或人は経済的方面を取り、或人は法律的方面を取るといふやうな分担が決つてなかつた為に、討論が随分重複したやうな形を取つて居ります。

ここは発言者同士の役割分担が不十分であったために「討論が随分重複した」ことへの指摘であるが、「②田園文明」では同じく討論後に審判の清沢洌から、次のようにさらに具体的な指摘がある。

これは最も重要なことでありますが、チーム・ウオアークがない。先刻川副君は『私の意見を申しますれば……』斯《か》う言はれた。私の意見といふものはこの場合ない筈《はず》である。日本大学のチームか、専修大学のチームがあるのみであつて私の意見といふものはこのチームにない。[中略] 例へば井上君が専修大学を代表されまして、初めから相手の弁解を、相手が斯う言ふであらう、併《しか》しながら……斯う言うて居られる。一人の場合はい丶のですが、既に五人のチームがあるのでありますから、初めはどん〳〵突込んで、概括的な自分の説を述べて、さうして後の者にその相手を反駁させる方が有効的であります。即ち一人で色々な役をやるといふと、自分の議論が非常に弱くなる、自分は飽《あく》まで自分の説を主張して、さうして相手を説伏せるやうにした方が有効的であると思ふのであります。

ここでの清沢の講評では、「チームとして連携した発言が行われるべきこと」「チーム内の役割分担を行い、連携して発言すべきこと」が具体的に説明されている。しかも、「一人で色々な役をやるといふと、自分の議論が非常に弱くなる」というように、一人で全て話す場合の欠点をあげて解説している。「①自殺」における賀川の指摘よりも踏み込んだ、より具体的な指摘である。

それまでの討論会が個人個人が別々の観点から弁論するという形式で行われてきたのに対して、その違いを印象づけるために、最初の二回でここまで強調したのであろう。

e・f　時間制限について

発言時間に制限があることを示したのは「②田園文明」であった。事後講評の中で議長の賀川豊彦は、「時間がないから言へなかったのです」という声が学生側からあったのを受けて次のような発言をしている。

時間がないといふのはもういけないので、アメリカでデベートさせる時には四分位しかないのです。四分間で大体話してしまふのです。鶴見君［祐輔……引用者注］は三分あつたら演説が出来ると言うて居りますが、四分間でもデベートが出来る位熟達して頂きたい。

発言時間が制限されていることへの不満が出されたのに対して、時間がないということは言い訳にならないと述べている。たしかに、これは発言者からの不規則発言を受けての発言であるので、予め用意していた言葉ではなかったかもしれない。しかしながら、時間制限についての意識が強く持たれていたからこそ、とっさに出た発言であったのだろう。

ここまで三つの点について確認してきたように、第一回と第二回でルールの説明を冒頭で行うと共に、討論後の講評の中でその点からの批評を加えている。その場の出席者だけでなく、記事を読む者に、大学対抗討論会即ちディベート式討論会には、従来の討論会とは異なり、細かなルールというものがあるということを強く印象づける結果となっている。

（2）きめ細かな指導の仕方

大学対抗討論会の大きな特徴の一つは、討論の後に司会者と審判からかなり細かな指導助言があり、それがそっくり記事として掲載されているという点にある。そこで、討論後の講評の中で行われた指導的な助言を具体的にたどってみよう。

統計資料の活用

まず、「①自殺」の議長賀川豊彦の講評の一部に、次のような発言がある。

自殺者の分析といふ方面の如きは、統計を挙げてもう少し御研究を願ひたいと思ふのでありま す。さう言つたものを平生弁論部の討論をなさる方々のスクラップブックなり、或は研究室なりに、外国の大学の中には必ず持つて居りますが、さうしたことの精神分析といふ方面などは一句も上つて来ません、殊に自殺者の精神病的研究といふものは随分盛になつて居りまして、これは否とする方の方にも、可とする方の方にも非常に参考になるものでありますが、それは全然話題に上りませんでしたことを残念に思ひます。

討論の中で統計的資料が用いられなかった点について指摘し、統計資料は平生から部として保管しておくべきことが付け加えられている。日常的な活動に踏み込んだ発言である。

この、統計資料に関しては、「③寺院財産」でも審判高島米峰から次のように具体的な指導が行われている。

自分の説を裏書させるために活きた材料を持つて来るといふことは、非常に必要なことであるが、所沢の飛行士を一人つかまへて、全然宗教を否定して居るといふやうなことを言つたつて、

（「③寺院財産」の討論風景）

それは何の力にもならぬ。少くとも所沢に飛行家が何人居る、その中何パーセントまでが斯ういふことを言つて居るといふのでなければ、自分の議論の助けにはならない。却《かへ》つて邪魔になる。

ここでは、自分の説を裏書きするために統計を用いることは必要なことだとしながらも、その統計の質を問題としている。これは、討論の中で否定側が次のように発言したことに対して指導したものである。

自分が嘗《かつ》て所沢飛行場に参りました時に、あの飛行家に宗教観を聴いて見たいと考へまして、一飛行士を自分の所に呼びまして、一応聴いて見ました所が、自分達は宗教などは考へて居ない。宗教は言ふまでもなく、第三次的な神といふ観念を一つの要素と考へずしては言ひ得ないと考へられますが、彼等は宗教といふものを徹底的に否定してをります。

この発言では、所沢飛行場で出会った一人の飛行士の意見を飛行士全体の意見へと拡大している。高島の指摘は当を得たものである。

ただし、同じ第三回の中で、肯定側の方は自分たちが行った「農村寺院の経済状態の報告書」を用いて次のような発言をしている。

その寺院は曹洞宗の中流の寺院でありますが、収入に於て千二百八十二円といふ額があるのに、その年額の不足額は百三十九円といふのを示して居るのであります。この外幾多の報告がありますが、実にこれは農村寺院の貧窮の状態を語つて居る。

ここでは、一寺院の例をあげて農村寺院全体の問題としてはいるが、その背後には自分たちの作成したものとはいえ、調査報告書の存在があり、この一事例がけっして特殊なものではないことを感じさせる（ただ、同様の例が全体のどのくらいの割合を占めているのかを示していないという点では曖昧さも残ってはいる）。

いずれにしても、第三回の肯定否定双方が統計資料を用いているということには、第一回の講評の中で資料活用の必要が指摘されたということが影響していると考えられる。その他にも「⑦女性職業」では東京市の統計による女性の平均賃金が持ち出されているというように、学生たちは発言の裏付けとして統計資料を用いようとした。その一方で、

統計は甚だ失礼ですが、私稍々《やや》荒い感じがする。あの統計で攻落されては専修大学の諸君も浮ばれまいと思ひます（笑声）何となればスポーツ医師に相談に行く人はスポーツマン全部ではなくして、若干の病気の人が相談に行くのであります。達者な者は行きはしないのでありますから、ああいふ統計に惑はされては損です。［「⑩スポーツ熱」審判松原一彦の講評］

と、統計資料の不十分さが指摘されている事例があるように、その活用は十分な効果を挙げるまでには至っていない場合もあった。

そのような課題が残るとはいえ、講評の中で指摘されたことを他の出場者が自分たちの発言の中に生かそうという姿勢は評価できるとともに、そのような効果を期待して講評を行っているとも考えることができる。

反駁の重視

次に、反駁の仕方について講評の中で指摘されている言葉を確認してみよう。

田園文明を絶叫する日大の田口君

第一回では、先に確認したようにチームとして連携ができていない点が指摘されたが、反駁の仕方には直接言及していなかった。第二回の「②田園文明」になると、審判の清沢洌から具体的な指摘がある。やや長い引用となるが、具体的に発言者の氏名を上げての指導なので、できるだけそのまま引用することにする。

> 相手の矛盾を指摘することが、この場合非常に必要でありますのに、それが案外なかつた。例へば内山君がアメリカの兵隊といふものは二、三哩《マイル》位しか歩けない、かう言はれた。その次に起つた笠原君は、それぢやそれ程歩けないアメリカの青年が、何故オリムピックに勝つたか、オリムピックで以て一番成績を挙げて居るのはアメリカ人ぢやないか、といふ位のことはちよつと揚足《あげあし》を取りながら進んで行くべきだと思ふのであります。或は笠原君がその後、都市文明は断然田舎文明に優

つて居ることは吾々の議論を要しない、斯う言うた。若《も》しそれ程議論を要しないならば、このデベートといふものは成立たぬ訳である。それは頗《すこぶ》る独断であつてこんな事を相手の田口君が、ちよつと揚足を取りながら議論を進められないのは間違つて居ると思ふ。或は又田口君は佐野、鍋山が転向〔それまでもっていた共産主義の思想を放棄したこと〕して自然の姿に帰つた、と言はれた。鍋山、佐野が転向したことが果して自然の姿に帰つて、田園文明のために気焔を吐くものであるかどうか。〔中略〕それから必ず一つ二つの矛盾か不要な発言がないことはない。阿部君が田舎から都会に来る例を述べられた。さうして故に都市文明がいゝ、斯う言はれた。けれどもさうしたことを国家的に見て、田舎から都会へ出て来て、こゝに皆集ることが日本国家としていゝのか、さうしてさういふ失業者を沢山起すことがいゝのか、現にアメリカでも、ロシヤでもその他でも、田園へ帰つて行くといふやうな傾向が沢山あるといふ。私は今さういふ自分の意見を言うて居るのではありません。さういふ矛盾を指摘しながら議論を進めるといふことは非常に有効だと思ふのであります。

ここは、相手に反駁する発言が少なかったことを指摘した部分である。しかも、指摘するだけではなく、一人ひとりの発言内容を確認しながら、そのどの部分にどのように反駁すべきであったのかを具体的な反駁例を示しながら論評を加えている。アメリカの兵士は体力がないと述べたとき、次の発言者が、「オリムピックで以て一番成績を挙げて居るのはアメリカ人ぢやないか」という反駁ができたはずだ。また、都市文明が優れていることは「議論を要しない」と述べたときには、「若しそれ程議論を要しないならば、このデベートといふものは成立たぬ訳である。それは頗る独断であ」るという反駁ができた。さらに、共産党員が「転向して自然の姿に帰つた」という主張に対しては「転向したことが果して自然の姿に帰つて、田園文明のために気焔を吐くものであるかどうか」という点からの反駁ができたはずだ。このように懇切丁寧な指導が行われている。このように反駁の仕方を細かに指導するのは「さういふ矛盾を指摘しながら議論を進めるといふことは非常に有効だと思ふ」からだという。

清沢はここで、反駁しながら議論を進めて行くことが討論会には「非常に有効だ」としている。それは、単に討論を有利に進めるということだけだろうか。討論で相手を圧倒するためなら、ここまで具体的な指摘と助言を行うであろうか。引用した最後の部分で「私は今さういふ自分の意見を言うて居るのではありません。さういふ矛盾を指摘しながら議論を進めるといふことは非常に有効だと思ふのであります。」と述べている部分に注目したい。ここで清沢は、自分の意見を述べているのではないと断った上で、反駁の重要さを強く訴えた。この点については、Ⅵ－２で改めて検討していきたい。

しかしながら、効果的な反駁を行うということは、簡単にはできなかった。そのため、度々その不足が指摘されている。たとえば、各回の講評の中に次のような指摘がある。

早大側から帝大側に、政党政治が悪いなら、何か代案があるかといつた時、天皇直属の国策審議会を持ち出したが、早大側は今の支配階級の奏請する国策審議会ならば、枢密院の小人数になつたくらゐのもので何も役に立たぬと逆襲すべきであつたと思ふ。［「⑤政党政治」の北昤吉の講評］

明大側の方々は、日満ブロックといふものをやらなければならぬといふ点を強調されて、更にそれが果して成功するかどうかといふ点についての立証を甚だ欠いて居つたやうに思はれる。それに対する慶応側の攻撃も甚だ不充分であつたと思ひます。［「⑥ブロック経済」の慶応大関係者の伊藤岱吉の講評］

御互に自分の主張だけを言うて、他の主張を聴かない、成べく他の主張を封じ込めてしまはうといふ方に熱中されるやうな傾向が多々あつた。これは反対側の言ふ所をもう少しよく聴いて、それを能く理解して、反対側の虚を衝くといふことも亦一策ぢやないかと思ふのでありま す。［「⑪国際結婚」の赤神崇弘の講評］

討論会として私がもう少し希望したいことは、自分が何か言はうといふことの外に、反対側の選手の言はれたことを徹底的に反駁してやらう。向ふの欠点を指摘し、根本から覆へしてやらう。詰り戦争に譬へたならば、攻撃を主眼とせらるゝ論法が甚だ少なかつたやうであります。極端な例をいひますと、自分はこの討論会に出て来られるのに、少しも用意をしないで、自分の意見は何も言はない積りで、向ふの人が何か言つたら、その言つたことの中に何か間違つたことがあるに違ひないから、それを反駁しようといふやうな考で［以下略］［「⑪国際結婚」の青木得三の講評］

ここで引用した発言が二回目、五回目、六回目、一一回目であるというように、大学対抗討論会の初期だけでなく、終盤にも反駁の不十分さが指摘されているということは、この点の改善がなかなか進まなかったことを物語っている。しかも、「⑪国際結婚」の二人の指摘が、反駁の必要を訴えるにあたり、相手の主張を捉えることを前提としていることには注目する必要がある。特に赤神崇弘の講評では、「御互に自分の主張だけを言うて、他の主張を聴かない」傾向があると指摘されている。相手の主張を聴かなければ、反駁はできない、その意味で、まずは相手の主張を聞き取ることの重要さを示して、反駁の前提が不十分であることを指摘したものとして注目しておきたい。この発言は、赤神が大学対抗討論会を総括する際に、その根拠となる点である。その総括について検討を加えるⅣ‐6の中で再び取り上げる。

思考法の例示

大学対抗討論会では、討論の中での発言だけでなく、討論以前の思考方法についても講評の中で助言されていた。

たとえば、「④死刑」の審判を務めた塚崎直義は、討論後の講評の中で両チームともに多方面から問題を考えることが不足していたと述べた後に、つぎのような具体的な指摘をしている。

死刑といふものを廃止したならば、社会にどういふ影響が起るか、その結果はどういふ事にならうかといふ、この点についてはどうも所論が足らぬやうに私は思ふ。今日死刑といふ重刑が刑法の上に於て規定されて居るから宜《よろ》しいのであるが、若し死刑といふものを全然取除いて見た場合、どういふ結果になるであらうか。これは相当文献等によつて、或は統計等によつても論ぜられるでありませう。又ロンブローゾは『吾々の先祖が彼の性質《かたち》の悪い凶悪なる連中を根絶したからして、今日吾吾は枕を高くして眠り得たのである。』といふ議論をして来て居るのであるから、そのやうな議論を吟味して、もう少し詳細な観点から反対論者に肉迫するといふことも必要でなかつたでせうか。

ここでは、死刑制度の是非を論じる討論会で、是の立場を取った法政大学側に対して具体的な助言をしている。そこでは、死刑制度を擁護するのなら、「若し死刑といふものを全然取除いて見た

（「④死刑」の討論風景）

場合、どういふ結果になるであらうか」ということを考えるべきだという。即ち、相手の主張がすべて認められたらどんな弊害が起るのかを考えろということである。

その一方で、否の立場を取る立教大学にもこのような助言をしている。

また立教大学方面に於ても、矢張りこれと正反対の場合を考へなければならぬのであります。今日の如く死刑といふ規定を存続して居る、この影響として何か悪い影響があるかといふこと、どういふ結果が悪いのであるか、死刑を廃止するについてはどういふ利益が其処《そこ》にあるか、斯様《かやう》な問題についてもう少し深刻に各方面に亙《わた》つて研究されてはどうであらうか。例へば具体的の例を以て見ますると、こゝに死刑に処せられる人がある、その人には女房もある、子供もあるといふ場合、死刑にせられる人は単に一人であるけれども、後に残つた細君はどうなる、子供はどうなる。細君は生存せんが為めに自分の操を他に売る、子供は食はんが為めに遂に他所へ行つて泥棒をして、これが処罰されたとすれば、取りも直さずその死刑に処せられた人が生きて居ればさういふ事にならずに済んだのである。死んだ為めにさういふ結果を生んだとすれば、法律といふものは、一面に於て死刑に処するその人を罰すると同時に、他面に於ては謂はゞ無辜《むこ》の民をして駆《か》つて罪を犯さしめ、さうして罰するといふ結果になる。これは一例に過ぎませんけれども、左様な実例を捉へ来つて論ずる方が尚ほ深刻にして、かういふやうな場合に於ては効果的なものになりはしないか。

ここでは死刑否定の立場をとる立教大学側に、死刑を執行することで生じる弊害を考えていくことを助言している。つまり、犯罪者一人を死刑に処しても、残された家族のその後を考えていけば、死刑が新たな犯罪を生んでいくことを具体的に示すことができるというのである。

ここで塚崎は「左様な実例を捉へ来つて論ずる方が尚ほ深刻にして、かういふやうな場合に於ては効果的なものになりはしないか」というように、討論の中での発言の効果として話を終えている。しかし、最初は「これと正反対の場合も考へなければならぬ」としているように、発言以前に討論題の死刑制度の是非（立教大学の場合は否）について思考を進める場合の具体的な例として、助言されたものである。

このように、論を立てる際の具体的な思考法について具体的に示しているという姿勢には注目しておくべきだろう。

講評の比重

ここまで統計資料の活用、反駁の重視、思考法の例示という三つの点について、討論後の講評の中で触れられていることを確認した。いずれも討論会を行おうとする場合には、基礎的な技能である。その基礎的な技能を含めた講評をかなり丁寧に行っていた。

次に示した表3－1は、大学対抗討論会の記事と、その記事に占める講評部分の割合を頁数とパーセントで示したものである。この一覧を見ると、第一回から第一三回まで多少の増減はあるものの、割合としては記事全体のほぼ二〇％を占めている。毎回かなりの頁数を講評に充てていることになる。

たとえば「④死刑」の場合には全体が六〇頁から七九頁までの二〇頁ある中で、塚崎直義と清沢洌の講評で八頁を占め、記事全体の四〇％という分量を講評に充てている。このことは、『雄弁』が講評の部分を重視していたことを物語るものである。この形式の討論会即ちディベート式討論会を行う場合にはどのような点に特に留意して行ったらよいのかを事細かに示したものと考えられる。

（3）普及への意識

（1）と（2）とで検討したように、大学対抗討論会ではルールについて細かく説明され、実際に行う際の技能上の留意点についても丁寧に解説されていた。この点を、たとえば「①自殺」の討論後に記者から話された次の言葉と併せて検討してみよう。

私共の希望は、先づ日本の学生青年間に討論練習を是非盛んならしめたい、この記録を読む天下何十万の読者が成程之は面白い、吾吾も斯ういふことをやりたい。二人寄つても三人寄つても、我が村に於て、我が町に於て一つ試みようぢやないかといふやうな機運を起すことになればそれで充分と考へたのでございます。

ここには、「この記録」（つまり大学対抗討論会の記事）を読んだ読者たちが、同様の討論会を開いていくことを期待する姿勢が表れている。他の回にも同様の言及があり[6]、『雄弁』編輯部（及び運営に関わった指導者たち）には、この討論会の形式、即ちディベート形式の討論会を「学生青年間」に普及させていきたいという強い意志があったものと推察される。（1）で確認した、ルールの詳細な説明と併せて考えれば、『雄弁』編輯部や指導者たちには、普及への強い意志があったものと考えてよいだろう。

したがって、先に確認したような具体的な基礎技能の提示は、読者がこの記事を読んでディベー

表3-1　実施回別の講評部分の割合

回数	論題	記事全体（頁数）	講評部分（頁数）	講評部分／全体
①	自殺	pp.26-45（20）	pp.41-45（5）	25%
②	田園文明	pp.74-97（24）	pp.93-97（5）	20.8%
③	寺院財産	pp.98-117（20）	pp.115-117（3）	15%
④	死刑	pp.60-79（20）	pp.72-79（8）	40%
⑤	政党政治	pp.118-139（22）	pp.135-139（5）	22.7%
⑥	ブロック経済	pp.194-210（17）	pp.208-210（3）	17.6%
⑦	女性職業	pp.212-227（16）	pp.225-227（3）	18.8%
⑧	戦争文化	pp.36-53（18）	pp.48-53（6）	33.3%
⑨	大衆文芸	pp.284-302（19）	pp.299-302（4）	21.1%
⑩	スポーツ熱	pp.260-276（17）	pp.275-276（2）	11.7%
⑪	国際結婚	pp.230-247（18）	pp.244-247（4）	22.2%
⑫	産児制限	pp.386-404（19）	pp.400-404（5）	26.3%
⑬	暑中休暇	pp.244-260（17）	pp.256-260（5）	29.4%

※講評部分は頁の途中から始まるので、とりあえず討論が終了して講評が始まる頁を講評の開始頁とした。したがって、文字数の上では講評の分量が若干多めに計算されることになる。

トを行う際の手本とするという意識があったものと考えられる。この意識は、師岡淳也が「昭和初期のディベート教育の位置づけ――『雄弁』誌上の大学対抗討論会を中心として――」で指摘した『雄弁』編集局が時代の変化に合わせて演説から討論重視の雄弁への転換を図っていたことがうかがえる」という姿勢を裏づけるものといえよう。しかし、そこには「時代の変化に合わせて」という外発的な理由に動かされた姿勢よりも、討論とはかくあるべきだという内発的な姿勢が感じられる。この点については、Ⅵの考察の中で検討していきたい。

3　冒頭部分を比較する

大学対抗討論会は、発言者の発言記録が掲載されている。従来の討論会の事例が発言の要点が示される程度であったのに対して、大学対抗討論会の大きな特徴となっている。発言記録を検討することによって、ある言葉がどんな流れの中で現れたものであるのかを確認することができる。そこで、ここでは発言記録を具体的にたどっていくことにより、討論がどのように展開され、どんな課題があったのかを考えてみよう。

しかし、発言をほぼそのまま掲載しているということは、論理の展開という点では冗長になりがちだということでもある。そこで、引用に当たっては該当する部分に出来るだけ絞って示すこととする。そのために途中を省略しながらの引用となる。

自殺否認を絶叫する松雪君（東洋大学）

（1）第一回「自殺は果して是か否か」——区々別々の弁論——

まず、第一回大学対抗討論会として行われた「①自殺」から各発言者の発言をたどり、大学対抗討論会が具体的にどのように進められたのかを確認してみよう。

冒頭で、記者からの挨拶と企画の目的や開催に至る事情についての説明が行われた後、議長の賀川豊彦から討論方法の説明があり、「この青年の悩んで居る時代に於きまして、果たして自殺が善いか悪いか、これに就いての御討論を願ひます。最初反対側の方から」という言葉で、否定側の東洋大学村山の発言から討論会が始まる。以下、討論会における各発言者の発言記録が続くが、ここでは発言者名とその是非の立場及び発言内容をたどってみることにする。なお、引用に当たり、原文では発言者名の下に学校名を記しているが、本書では肯定・否定どちらの立場から発言されているのかを確認しながら読むことが必要と考え、学校名の代わりに肯定・否定の立場を「肯」「否」として示すことにする。また、引用文中に二種類の傍線を付したが、波傍線は相手側の発言のどの部分に対して反駁するのかを示している部分、太実践の傍線はその指摘に対応していると熊谷が判断した箇所である。この対応が明確であれば、相手側の言葉を的確に受け止めた上で、反駁していることになる。

村山（否）［前略］生は大切である。その大切である生といふものをば濫《みだ》りに捨てる、自殺といふものは、茲《ここ》に否認されなければならぬと思ふ。［中略］社会学者は、我と云ふものは社会有機体の一部である。故に自殺は社会有機体の一部を破壊することになりはしないかと論じてをりますが、私はこれを自殺否認の一理由として考へて見る必要があらうと思ひます。［中略］これ［＝自殺……引用者注］を積極的に是認することは、それが社会に影響して、その事が一つの流行となり世人をして無自覚に自殺に走らしめ、世の中の人を病的にさすといふ怖れがあるのではないか、［後略］

細井（肯）［前略］自殺を是認することは世の中の人を病的にさす、さういふ事を言はれたやうであります。併ながら私は自殺者が世の中の人を病的にするのでは絶対にない。むしろ自殺者自身が最早《もはや》病的になつて居るのだらうと考へます。従つて自殺を是認したとて、世の中の人を病的にさせるものとは限らないと思ふのであります。而《しか》も我々は、病的になつた自殺者に、その自殺を思ひ止《とま》らせるやうな具体的な方法を見出すことができない以上、それは仕方がないことであります。〔中略〕生は大切である。その大切であるところの生といふものを失ふ、即ち自分で生命を解決して行くところの自殺といふものは否である、かういふ事を申されたやうであります。〔中略〕如何《いか》にも生は大切なものである。然し人がこの世の中に生を得て、自分自身あらゆる限りの力を尽して、尚、自分の最高善を求むべき途が死であるとしたならば、私は死といふものを一応肯定しなければならぬものと思ふ。第三に人間は社会有機体の一分野をなして居る、故にその一分野を殺すことは、有機体の一部を破壊することだと申されたやうであります。そして癩病患者の例を出されましたが、私は単に癩病といふやうな形式的に現れた事のみを以て議論をすることは不当である。自分の意志に基く以上、自殺は一向差支《さしつかへ》ないものと思ひます。〔後略〕

松雪（否）今伺ひましたところに依りますと、細井さんは自殺者は病的である、そしてそれを矯《なほ》し得る方法がないといふやうな事を言はれましたが、何故自殺者が自殺を思ふやうになつたか、どうして自殺することが最大の幸福なりと思ふやうになつたかと言へば、僕は恐らく自殺者のすべてが、或る自分を取巻く周囲、即ち大きく言へば社会といふもの、重圧に堪へられなくなつた結果、自殺者は病的になり、自殺を思ひ立つやうになるのではないかと思ひます。〔中略〕さういふやうな自殺といふものは社会の他殺と見ることが出来ると思ひます。故にそれを救ふ方法は、その人に対して自殺を思はしめる社会の欠陥を匡《たゞ》せば宜い〔中略〕それから、死に依つて幸福を求める、死こそ自分に取つて一番幸福なことであると考へるならば、その人の自由意思を尊重して認めるのが当然であるといふやうな事を強調されましたが、〔中略〕死に依つて幸福を求めるといふ自由意志を尊重させるならば、恐らく現在の社会に於ては、大多数の人が自殺の決行を考へないまでも、死んだ方がましだと思ふでありませう。従つて死に依つて幸福を求めるといふ方法を許すならば殆んど全部の人に自殺を奨めねばならぬやうな結果になつて来る、〔後略〕

広中（是）〔前略〕松雪君は自殺といふものが、許されるならば、現在の社会人の大部分のものは、自殺したいといふ気持を有《も》つであらうといふ意味の事を言はれましたけれども、それは既に論点を異にして居るものではないかと思ふのであります。即ち単に第三者の立場からではなく主観的に之を観る事が、自殺を考へる場合に最も必要なことである。私は斯う思ふのであります。つまり自殺者の真の心理に立還つて、その自殺者自身の境遇といふものに這入つてその是非を論ずべきであると思ふ。かゝる見地から見ますると自殺といふものは全然否定し得るものでない、自殺をするのは、その人の境遇とか、個性に依つて、仕方がないぢやないか、私はさういふ御方《みかた》をして居るものであります。

本田（否）私は道徳的方面より、少し自殺を否定して見たいと思ひます。〔中略〕われ〳〵は当然国家に対し社会に対して、その文化を向上せしめるところの義務があるものと考へます。かゝる点から考へてみますと、自殺することが自分にとつて最も幸福であるといつて自殺するならば、それは余りに利己主義的な考であると思ふ。〔中略〕自然的にわれ〳〵に死が見舞うて来るまで、われ〳〵はあく迄、国家や社会文化のために尽すべきなりと信じます。

中村（是）私はいはゆる日本民族精神に立還《たちかへ》つて、純然たる日本民族精神の立場より此問題を論じて見たいと思ひます。〔中略〕所謂同情自殺、といふものが、世間には可なり沢山行はれてをります。そして、他人の死に同情して死んで行く――それは一面非常に美しいところの純情の表れではないでせうか。麗はしい日本民族精神の現れではないでせうか。

ここには、一部省略しながら最初の六人の発言を並べた。

最初の二人、村山と細井がそれぞれの根拠を挙げて否定肯定の主張をしたという形になっている（細井の発言は、一部村山への反駁となっている部分もあるが）。注目したいのは、その後に続く四人の発言である。三人目の発言者である松雪は直前に話した細井の発言に反駁しているが、反駁に先立って細井の発言を要約して、「細井さんは自殺者は病的である、そしてそれを矯し得る方法がないといふやうな事を言はれました」と述べている。しかし、細井は「病的になつた自殺者に、その自殺を思ひ止らせるやうな具体的な方法を見出すことができない」とは述べているが、「矯し得る方法がない」とは述べていない。また、四人目の広中は松雪の発言を受けて「松雪君は自殺といふものが、許されるならば、現在の社会人の大部分のものは、自殺したいといふ気持を有つであらうといふ意味の事を言はれました」と述べているが、松雪は「死に依つて幸福を求めるといふ方法を許すならば殆んど全部の人に自殺を奨めねばならぬやうな結果になつて来る」と述べてはいるが、「現在の社会人の大部分のものは、自殺したいといふ気持を有つであらう」ということとは内容の上で異なるものである。

このように、師岡淳也が「現在の教育ディベートの試合でも一般的に用いられている」「まず相手の議論を要約した後に自らの主張を提示する反駁の構成」が用いられたと指摘したとおりに、それぞれが前の発言者の発言を要約してはいる。しかしながら、その要約は先の発言内容とは正確な対応をしていない。そのために、その要約に対する反駁は相手側が直前に述べたことに対して正対した反駁とはなっていない。

さらに、五人目の本田は、「私は道徳的方面より、少し自殺を否定して見たいと思ひます」と語り始めており、その前の四人の発言とは全く別の観点から新たな主張をしている。そして、六人目の中村は、「私はいはゆる日本民族精神に立還つて、純然たる日本民族精神の立場より此問題を論じて見たいと思ひます」と語り始め、最初の四人とも、直前の本田とも異なる論点を提出している。本田・中村の両名とも発言の後半では先の発言に触れてはいるが、それぞれの主張との関連には触れておらず、しかも三人目、四人目が不正確な要約をしていることにも全く触れていない。五人目・六人目の発言は、最初の発言者とは無関係に、事前に用意してきたことを話したという印象である。

このような課題が見られるものの、これは第一回の事例であるところから、不十分さは致し方ないという面もあろう。では、次に実践を積んだ後の例を見てみることにしよう。

(2) 第五回「政党政治を排撃す」——役割分担した反駁——

ここでは、第五回の討論会「⑤政党政治」を確認する。この討論会は、「政党政治を排撃す」を討論題として、帝国大学(肯定側)と早稲田大学(否定側)との間で行われた。この「⑤政党政治」を取り上げるのは、議長を務めた清沢洌から「今夜の討論会は非常な好成績で、議長とすればもう少し早く打切らなければならない筈《はず》でしたが、あまり惜しくて打切れなかつたほど、あなた方の議論が良かつた。」と絶賛されたものだからである。少なくともこの時点で、大学対抗討論会が目指した討論会の理想像に近いものがここにあるということだろう。

先の第一回と同様に、各発言者の発言記録から、最初の六名の発言について以下に発言者名とその是非の立場及び発言内容の概略を書き出してみよう。なお、引用文に付した二種類の傍線の意味は、(1)と同じである。

長野(肯)[前略]政党が部分性を自己本来の性質として持つて居るといふことは、政治学的に見ても既に政党は政治担当者たるの資格なしと断言することが出来るのです。[中略]この政党の持つ分立制、部分性を経済的に見るならば、政党は階級的利益のみを擁護し得るに過ぎぬといふことになります。〔中略〕政党政治否定の他の理由は、我国の現実の政党政治のイデオロギーが我が国体に相応《そぐは》ぬといふ事であります。〔後略〕

堀内（否）〔前略〕早稲田大学側は政党政治を排撃せずとするものであります。私共の主張致しまする政党政治は議会政治を意味して、これに依つて一君万民の政治を確立せんとするものであります。〔中略〕衆知を聚《あつ》めて政治を行はうといふことが、より善き政治を確立するといふことになるのであります。〔中略〕而して代議の制度が人間の群団生活に通ずる唯一の政治的方式でありまして、之を否定することは民衆政治の否定であります。〔中略〕即ち賛否両者の数《すう》に従つて多数を得た政党が責任内閣を組織して議会に臨み、其の主義政策を行ふ責任政治を確立したのであります。〔中略〕故に憲法の政治といふものは議会政治即ち政党政治であるといふ吾々の結論に到達したのであります。〔中略〕如何に名前は異りましても、結局専制となり独裁となるが如きものは断じて吾々は欲する所ではなくして、常に非立憲的な直接行動を排撃して行かうと言ふのである。〔後略〕

関根（肯）先づ私の疑問とする所は、早稲田側の申されましたことが甚だ現実の我国に於ける政党政治といふことから離れて、抽象的になつて居ると言ふことであります。〔中略〕差当りそれより良い方法はないやうだといふ意味で多数決を採り、而してそれが一人でもより多くの人をそれに参加せしめて、所謂デモクラシーの意義を完うせしめる。かう申されて居ります。〔中略〕我国に於ては最高指導原理は既に天皇に定つてをりますから、その間に於て敢て多数決による原理を以て我国政治の最高指導原理とすることは、根本的に間違である。それから議会政治を否定すれば専制独裁だといふことを懸念せられて居ります が、我国に於ける所謂最高の政治原理は陛下の御親政であつて、それは取りも直さず明治天皇の『一人もその所を得ざるは朕が罪なり』その大御心を体してやりさへすれば宜いのである。〔中略〕吾々の要求するところは即ち強力なる政府、即ち天皇の大御心を体し天皇の御政治を補翼し奉るところの強力なる政治を要求する。此の我国に於ける天皇御親政を諸外国に於ける独裁政治と混同してはなりませんぬ。

大賀（否）先刻帝大側が三箇条の理由を以て政党政治を排撃され、政党が部分であつて全体でないといふやうなことを申されましたが、これは何も政党が対立してをるから部分といふ訳ではなくして、その部分が或一つの多数決の原理によつて全体に代へるといふことに於て政党政治即ち議会政治の特殊性があるのであります。それから第二番に資本家階級の擁護だといふことを述べられましたが、如何にも過去に於てはブルジヨア階級の擁護であつたのでありませう。併しながら文化の進むと共に種々《いろいろ》な階級が発生するものでありまして、その意味に於て必ずしも政党がブルジヨアの擁護とのみ言ふことは当らないだらうと思ふのであります。又国体に反するといふやうな御議論がありましたが、天皇御親政の場合、様々の責任問題は政党内閣が介在してこそそこに緩和地帯が生ずるのであります。成程日本の議会制度は英国の方から大体入つて来たものでありませうが、英国の方は議会中心であり、日本の議会制度と言ふのは天皇中心の政治であるといふ点で違つて居るのであります。〔中略〕成程制度は英国から輸入されましたが、それを日本の精神に則つて、日本の国民性に即したものにした所が断然違つて居るのだといふことを吾々は強調するのであります。而して最後に帝大側は議会政治を行つて、而も政党政治なくして如何なる代案を以てこれを為さんとするかといふことを私達は聴きたいのであります。

門倉（肯）早稲田側お二人のお話を拝聴して感じましたことは、非常に非現実的な抽象論であるといふことであります。〔中略〕それから個人主義自由主義に立つところの政党政治といふものが永遠性を有つものかの如く仰しやいましたけれども、この点は大きな謬《あやま》りであります。〔中略〕今日の如く徹底的に行詰つた不安な社会情勢に際しては、統制主義、全体主義といふことが絶対的に必要になつて来たのであります。この統制主義、全体主義といふものと、議会によつて多数を取つたものが政権を執るといふ事とは、絶対に相容れない観念であると思ひます。故に私はこの政党政治といふものは必然的な崩壊の運命に在るものと確信してゐるものであります。

横山（否）只今政党の歴史的発生に鑑み、政党は国家利益に対して忠実なものでないといふ御説明があつたやうに拝聴いたしました。併しながら吾々は欽定憲法の精神に立脚し、飽まで議会政治を信ずるものであります。〔中略〕先づ政党が立憲政治に於ける多数決原理に基いて、必然的に発生しなければならないといふ事が一つ、第二として立憲政体に於て国家の立法機関たる議会が、その活発なる機能、即ち議会手続に於ける弁論と答弁、論難と反駁を効果的ならしむる意味に於ても、党派的存在を明にしなければならぬ。第三、立憲政体の行政機関たる政府が議会に於て多数を制する意味に於ても、党派的存在が必要であると確信する者であります。［中略］政党政治に対立する独裁政治といふものは、下からの民意といふものは一つも反映してない所の政治である。絶対的独裁権力の乱用過用を招来し、その弊害は政党政治以上に大なるものであると思ふのであります。それで仮に政党政治を否定し、挙国一致の人材内閣といふものを仮定したる場合に於きまして、成程天皇の御親政といふものが現出しませうが、さうなりますと是も非もすべて天皇の宸襟《しんきん》を悩し奉るといふことに依りまして、こゝに国政に於ける責任の帰属といふことが問題となり、却つて国体にそぐはない所のものが生れると思ふ者であります。［後略］

最初の長野（肯定）と堀内（否定）がそれぞれの立場からの主張を述べ、その後にその主張の内容に対して反駁するという発言の役割分担が明確にできていることが感じられる。また、反駁では相手の発言内容を具体的に確認した上で（波線を付した部分）、反駁を加えている。これは、相手の発言を受け止めた上で反駁を行うという討論における意見交換の形態になっていることを意味する。また、その引用は前の発言者の発言とほぼ対応したものとなっている。ただ、最初の両陣営の反駁者である関根（肯定）と大賀（否定）に比して、次の反駁者門倉（肯定）と横山（否定）は、「かの如く仰しやいました」「あつたやうに拝聴いたしました」という表現で相手の発言をぼかしているように、相手の発言内容を印象として捉えて反駁している。そのため、たとえば門倉の反駁は、誰のどの発言を「個人主義自由主義に立つところの政党政治といふものが永遠性を有つものかの如く仰しやいました」と受けて反駁しているのかが判然としない。そのような問題があるとはいえ、少なくとも前の発言を受けて反駁を加えるという反駁姿勢は五人目六人目にも継続されており、（1）で確認した「①自殺」のように、全く新たな観点から反駁がなされるということにはなっていない。

以上のように、相手の発言の受け止め方にやや弱さはあるものの、一人目が総論としての主張を述べ、二人目以下が相手の主張に対して反駁を加えていくという役割分担がかなり明確に行われているということは、この第五回の成果であろう。

（3）第一一回「国際結婚を排撃す」——定義を踏まぬ反駁——

次に第一一回大学対抗討論会「⑪国際結婚」を確認しよう。この討論会では、「国際結婚を排撃す」を討論題として、日本大学（肯定）と立教大学（否定）との間で行われた。この「⑪国際結婚」を取り上げるのは、後に大学対抗討論会について総括した赤神崇弘[7]が、審判を務めた回だからである。赤神が大学対抗討論会に直接関わったのは、この回のみである。さらに、一〇回の実践を経た大学対抗討論会の姿を確認しておくことも、大学対抗討論会全体を総括する意味で、重要である。

第一回、第五回では具体的な発言として最初の六回の発言を取り上げたが、今回は冒頭の発言八回分を取り上げる。

長谷川（肯）［前略］先づ本論に入るに先立ちまして国際結婚の定義を明にして置く必要があると信ずるのであります。抑々《そも〳〵》国際結婚とは一国民と他国民との結婚を言ひ、必ずしも一民族と他民族との結婚を意味しないのであります。［中略］第一［中略］我国は、皇統連綿として三千年、尊い歴史を有つ万邦無比の国体であります。而して天皇を中心に、皇室を中心に、九千万同胞を打つて一丸とした一大家族主義の国家であります。［中略］国際結婚をこの点より見る時は、この光輝ある大家族制度の破壊となり、麗はしき伝統の冒涜《ばうとく》となり、延《ひ》いては国家を危ふきに導く結果となるのであります。第二には、これは政治的に考察しても、国際結婚を是とすることは出来ないのであります。［中略］国際スパイ戦場に躍る者は、常に外国人であります。［中略］第三に、我国には世界無比の国民道徳があります。［中略］国際結婚は我が国民道徳を破壊し、我が国民精神を動揺へ導く一大冒険であると信ずるのであります。第四に経済的方面より、我が国民と他国民との経済観念に如何なる相違があるかを考へて見たいのであります。日常新聞雑誌に於て喧伝されて居る所の国際結婚破局なるものは、経済観念の根本的相違から来てゐることが、頗る多いのであります。［後略］

有近（否）［前略］私共立教大学側は、国際結婚を排撃せずとの立場を明《あきらか》にせんとするものであります。私は此の論を進める上に於て、先づ国際結婚の歴史を知る必要があると思ふのであります。［中略］吾々日本国民は、その昔に於て原日本民族が、幾多の民族を融合して出来た所産であると信ずるのであります。［中略］又吾々日本国民の国際結婚が、前述せし日本精神に立脚して為される時、それは日本精神を世界に弘め、以て優秀なる日本文化を各国人に与へることとなり、我が皇室を中心とする日本民族の真価を海外に発揚することになるのであります。次に国法の上より見ましても、現在国際結婚を許して居るのでありよす。［中略］又医学的立場から見ましても、国際結婚の可を認め得る所のものがあり、これを否とする所の根拠の薄弱であることを知るのであります。［後略］

玉井（肯）只今立教大学側の総論を御聞きしますと、国際結婚と民族融合とを混同されて居ることが分りましたが、それより先づ第一に日本精神、日本歴史の認識が甚だ不足して居られることを甚だ遺憾とする次第であります。［中略］私は今日の日本民族が単一なるものと言ふのでは決してありませぬ。それは文献歴史になつてからでも、少くとも天孫民族を中心に三大民族、即ち出雲を中心に山陰地方一帯に居りました出雲民族と、筑豊を根拠地としまして、丹但地方にまで居りました所の常世民族と、それから大隅薩摩地方を中心に日向、肥後の一部に居た熊襲とが混血されて居るといふことは事実であります。併しこれは一言にして言へば決して国際結婚ではありませぬ。何となればこれ等の民族は総て我が皇祖皇宗の御威徳に心から悦服し、天孫民族の指導精神を遵奉〔法律や教えなどに従い守ること〕し、今日の言葉で申すならば、同じ陛下の赤子として包含〔中に包み込むこと〕同化されたものであります。又その後朝鮮、支那から帰化人の血もありますが、〔中略〕これらは我が国風、国体、指導精神に傾倒し、帰化した者でありまして、これを以て直《たゞち》に国際結婚となすのは早計であります。然るに今日の所謂《いはゆる》国際結婚なるものは〔中略〕家族制度を以て基調としてゐる日本に於きまして、国家の構成分子である一家族内に、日本精神に非ざる他の思想が浸潤し、瀰漫《びまん》して来ましたならば、独り家族制度の破壊に止まらず、惹《ひ》いては三千年のわが尊き歴史に、由々敷《ゆゝしき》大事を招来せずと誰が保証出来ますか。〔後略〕

茂木　（否）〔前略〕若し諸君が左程《さほど》までに日本精神を強調せられるならば、少くとも古事記に付ての理解があつて欲しいと思ふのであります。今日の大和民族が形成せられる以前に於て、即ち原始民族が須佐之男命《すさのをのみこと》系に依る所のコロボックル民族に依つて同化せられたのであります〔中略〕人皇《にんのう》第十五代応神天皇の御代に於きまして、宗教の輸入と共に百済から沢山の人が日本に参つて居るのであります。即ち当時百済は完全な国家を形成し、日本も完全な国家を形成して居りまして、これは決して民族融合といふやうな言葉を使ふべきでなく、また単なる同化でなく、明瞭な国際結婚であつたのであります。その他欽明天皇の御代にもかうした例が多々あるのであります。今日に於ても諸君が植民地に行かれましたならば勿論、内地に於ても国際結婚は多々行はれて居るのであります。日大の諸君は国際結婚に依つて起る所の悲劇を指摘されて居るやうですが、国際結婚に依つて破局に陥らない、幾多の幸福なる人々をも吾々は例証することが出来るのであります。［中略］最後に先程国際結婚が政治上非常な不利な立場に置かれると言はれ、その例として外交官とスパイの問題を持出されましたが、これは非常に部分的な例外的な話でありまして、大局から見ました時、斯《か》る危惧の念は不必要なことだと思ひます。

長町（肯）私は先程来拝聴して居りますと、議論が歴史的考証とか、或は文化系統に偏し、その他の現実問題、或は将来国際結婚が如何なる障碍《しやうがい》を来《きた》すかといふやうな点に付ては全然閑却されて居るやうに見受けられるのであります。更に又立大側は、恰《あたか》も大和民族が上古に於て国際結婚を為した如く申されたが、その点に就て私は徹底的に排撃する者でありま す。［中略］凡《およ》そ一つの民族なり国家なりには、その歴史、その伝統があるのであります。［中略］日本をして日本たらしむるものは、実にこの尊い独特なる伝統的精神であります。これをどこ迄も成長させ、発展させようとする時、独逸《ドイツ》、仏蘭西《フランス》、亜米利加《アメリカ》等全然相異なれる伝統を有つ人々との国際結婚が当然そこに障碍が生じて来るのは火を見るより明かであります。［後略］

今井（否）只今種々の論が日大側から出されましたが、些《いさ》か国家そのものゝ定義に就て疑問を有《も》ちます故に、国家の定義をして戴きたいと存じます。

玉井（肯）只今立大側から国家の定義をしろといふお話でありましたが凡そ日本国民と致しま

して、日本国家の定義を知らないといふ筈はないと思ひます。（拍手）

茂木（否）［中略］一つの主権の下に一民族或は他民族が統制されて居る時、それを国家と称するならば、上古に於ける朝鮮民族或は漢民族との結婚、必然的に国際結婚であるとしなければならないと思ふのであります。［後略］

茂木の最後の発言の後に、議長の青木得三が、最初に日本大学の長谷川が「国際結婚は一国民と他国民との結婚を言ふのであつて、民族と民族との結婚を言ふのではないと言はれた」ことを確認し、討論の方向を修正するよう求めている。

確かに、日本大学の長谷川が国際結婚の定義を「一国民と他国民との結婚」とし「民族と民族との結婚を言ふのではない」と断ったにも関わらず、否定側で総論を述べた有近が、民族間の結婚を取り上げている。これは、有近が長谷川の発言を確実に受け止めようとせずに、おそらくは事前に用意して来た総論をそのまま述べたためだと思われる。しかも、有近の総論に対して、肯定側の玉井も日本民族における結婚について話し始めており、長谷川の示した定義は双方から忘れられたかのように討論が進んでいる。そのため、議長から注意がなされたのであるが、本来ならば肯定側から、国際結婚の定義を守るようにと否定側に要請があるべきであった。

双方が最初に総論を述べ合った上で、三番目の発言者から反駁に移るという形式は踏まえているが、一人目が行った定義を踏まえずに双方が発言しており、結果として最初に行った定義が生かされずに討論が進んでいる。

しかも、否定側の今井が国家の定義を尋ねたのに対して、肯定側からは明確な定義が示されていない。質問は一般的な「国家」という概念をこの討論の中ではどのように限定して用いているのかを問うているのに対して、「日本国家」に限定した問題にすり替え、しかも日本国民としては「日本国家の定義を知らないといふ筈はない」と述べて、自らの回答を回避している。ここでは、肯定側に討論の不誠実さが感じられる。このような展開に至った理由は、この発言の後に示された「（拍手）」という語が示唆している。

大学対抗討論会は当初聴衆を入れずに実施された。後に詳しく検討するが、途中から出場団体の関係者を一部会場に入れることとなった。その結果が、この場合のように論理的に回答することをせずに、聴衆に訴えるパフォーマンス重視の発言をする傾向を生んだのであろう。

以上のように、第一一回の討論会では、形式的には総論と反駁という発言の役割は守られながらも、内容としては相手の発言を十分に受け止めた上で、具体的な個所を示しながら反駁を行うという討論にはなっていなかった。

4　第五回の最終部分―反駁と最終弁論―

では、討論の最終部分はどのように展開したのだろうか。ここでは、冒頭部分が模範的な展開を見せていた、第五回「⑤政党政治」の最後の二人の発言を確認してみよう。

淵上（肯）先づ第一に私の申し述べたいことは、早大側の方は、我が憲法が議会制度を認めて居るといふことを議会政治を認めて居るといふことに穿き違《は》へて居られる点を、指摘したいと思ひます。第二に、諸君が唱へられるデモクラシーといふものは、必ずしもその機構に膠着するものでない、［中略］反動専制の前にその鍵を与へる結果になることを指摘しなければなりませぬ。［中略］現在の日本は、凡ての弊害が此処へ集中し、之を打破すべき一大転換期にあるといふことを先づ認識して貰はなければならぬと思ひます。それ故この局面を打開するには、老廃無能なる政党政治を廃止して天皇の御信任の下に大御心を拝戴して、恒久的改造方策をば遂行しなければならない。［後略］

齋官（否）［前略］只今淵上君から、この非常時を打開する場合に於ては、国民一致の内閣を組織してこの非常時に当れと言はれました。併しながら、階級対立の厳然として存在して居る今日、挙国一致内閣といふやうなものは、結局欺瞞的なものであると私は考へる。［中略］結局階級対立としての政党が今後に於ける政党政治の理想でなければならないと考へるのであります。［中略］政党が相互に対立して居るの故を以て、非常時を打開できないと考へることは、実に愚論であると考へるのであります。随つて平時に於ては政党政治を認めるし、又非常時に於ては変形された政党政治といふものを、大いに私は認めて宜しいと思ひます。随つて吾々は今日当面の問題と致しましては、一時的なる独裁的権能といふものを認めても宜からうと考へます。即ち一時的であつて、過渡的なものであつて、その後に来るべきものは本当の意味に於ける政党政治でなければならないと考へるのでありま
す。

肯定否定双方の最終弁論に相当する二人の発言であるが、双方ともにこの討論全体のまとめとはなっていない。この討論を通じてどの点が一致し、どの点が対立したままなのか、どういうことが明らかとなり、自分たちの主張のどの点について相手側からの反駁がなかったのか等を述べるべきであるにもかかわらず、そのような振り返りは行わずに、自分たちの主張を述べ合うだけの最終弁論となっている。しかも、否定側では、一時的には独裁的権能を認めるとの発言が最後にあり（傍線部）、これまで否定側が述べてきたこととは異なる観点を最後に提出するという結果になった。

この点については、討論後の講評の中で審判の北昤吉から、「一致点が欠けてゐるやうに考へられました」という指摘を受けている。

冒頭部分が、総論と反駁に明確に分けて発言されていたのは、双方の第一発言者の発言が終了した後に「十分位休憩し」たことが効果的であったと考えられる。休憩が入ったことで、双方が相手側の主張を検討し、反駁を組み立てることができたのであろう。「①自殺」では、休憩を取らずにそのまま三人目が発言を行っているので、休憩の有無が討論の展開に差を生じさせたと思われる。

もっとも「⑪国際結婚」でも二人目の発言の後で休憩を取っているので、休憩が万能であることにはならないが、ある程度の効果はあげたと考えられる。双方の第一発言者の発言が終った後に休憩をとるというこの形式は、「④死刑」（議長：清沢洌）から始まり、その後継承されたものである。

冒頭部分はそのように休憩のタイミングを工夫することである程度整えることができているが、最終弁論については、「⑤政党政治」で確認したように、結論を述べるのではなく、反駁を最後まで続けるという状況が続いている。そして、その点については、討論後の講評の中でも指摘されていない（先に見たように、主張が一致していないことに対しては指摘があるが、その場面でも結論が述べられていないことに対しては何も論評されていない）。２の（２）で確認したように、反駁に対しての指摘が細かくなされていることと比較すると、奇異な感じも受ける。しかし、むしろ反駁に対する指導だけで終ってしまったとも考えられる。実施期間が短かったことによる結果であろう。

＊　＊　＊

本章では、従来行われていた討論会と大学対抗討論会とがどのように異なるのかを確認し、大学対抗討論会が普及への意欲をいかにもっていたのか、ディベートとしてどのように評価されているのかを、具体的な発言記録から検討した。

つまり、大学対抗討論会以前に行われていたのは、法律解釈を目的とする討論会と政策討論を目的とした討論会であり、それぞれ法曹界や政界で活躍する人材育成を期したものであった。そのように従来行われていた二種類の討論会に対して、新しい形式の討論会（ディベート式討論会）を普及させていくためにどのような点が相違点として強調されたのかを確認した。

まず、討論の方法・ルールについて説明する中で、討論会での発言は発言者の持論ではなく予め割り振られた立場に因るものであること、チームとして役割分担をして取り組むこと、発言に制限時間が設けられていること、発言内容には主張と自由討議の別があることの四点が特に強調されていた。さらに、統計資料の活用、反駁の重視、思考法の例示という三点が討論後の講評としてかなり詳細に、繰り返し指導されていた。このように、詳細な指導を含む講評を、多くの頁数を使って示すということによって、ディベート式討論会を行う際の留意点を細かく読者に伝えようとしたと考えられる。同時に、ディベート式討論会を普及させていこうという強い意志が感じられる。

次に大学対抗討論会の第一回・第五回・第一一回それぞれの各発言者の発言をたどりながら、討論がどのように進められ、どのような課題があったのかを検討した。要約すると、大学対抗討論会の記事には、新しいディベート式討論会を全国的に普及していこうという意志は感じられるが、実際の指導では反駁の効果に対する指導にまでは手が回らず、ディベート式討論会としての模範的なモデルを提示するまでには至らなかったということになる。

（1）「談論界消息」中の記事。原文は次のとおりである。

甲一日友人乙を上野精養軒に招きて晩餐を供応す卓に上りし食品の中牡蠣料理あり即ち殻より分離したる肉を其殻を載せたる風に盛りたるものなり其際乙は偶然自己に供せられたる皿中の殻に付着せる一個の真珠を発見せり茲に於て甲乙及軒主丙の三人各自から其真珠の所有者たるを主張して相譲らず知らず果して法律は何れの主張を是認するや

（2）「談論界消息」中の記事。

（3）「演説会記事」中の記事。

（4）「演説会記事」中の記事。

（5）たとえば、一九一五（大正四）年第六巻第四号の「日本大学主催都下各大学連合懸賞討論会概況」によれば、同年二月二一日に開催された討論会において一人ひとりの発言が審査され明治大学生以下七名に一等から三等までの懸賞が贈られている（一等一名、二等二名、三等四名）。

（6）たとえば「②田園文明」「③寺院財産」。

（7）その総括の内容については次章で詳しく検討する。

Ⅳ　ディベート論の深化——関連記事に描かれたディベート——

　ここでは、雑誌『雄弁』誌上で、大学対抗討論会の連載前後に、ディベートに関する記事がどのように掲載されていたのかを確認したい。それによって、本実践がどのくらいの期間、どのような意図をもって準備されたのかを確認するとともに、読者に対してこの討論会がどのように説明されたのかを確認するためである。もとより、「デベート」「ディベイト」等の表記をしているものを対象とするが、その他に「討論」「討論会」という名称を用いているものも対象に加える。

　それらの記事を一覧にすると表４－１になる。(1) この一覧に「前１日米」と「①自殺」「②田園文明」「③寺院財産」「④死刑」を加えたのは、それぞれ討論に先立って、討論会の意味等について詳しく解説しているからである。

　次にこれらの記事の内容を検討していくことで、ディベート式討論会実施の意義がどのように語

表4-1　ディベート関連記事一覧

年（元号）	月	記事名	著者・出演者	掲載巻号
一九二三（大正一二）	二	オックスフォード（英）対ハーバード（米）両大学対校大討論会を聴く	谷川　昇	14巻2号
一九二四（大正一三）	一	活気横溢意気沖天・誌上少年大討論会	無署名	15巻1号
一九二六（大正一五）	三	討論の秘訣とその仕方	竹内尉	17巻3号
一九二六（大正一五）	九	日本に討論の行はれざるは何ぞ	茅原華山	17巻9号
一九二七（昭和二）	一二	米国学生大討論会に出陣して	トシー・遠藤	18巻12号
一九二八（昭和三）	一	討論演説の好模範!!　日米大学生雄弁対抗戦を見る	清沢洌	19巻1号
一九二八（昭和三）	四	雄弁座談会	加藤咄堂他	19巻4号
一九二八（昭和三）	五	雄弁座談会―その二―	加藤咄堂他	19巻5号
一九二九（昭和四）	七	討論の呼吸	今井三郎	19巻7号
一九三〇（昭和五）	六	新雄弁法六講　討論の仕方	鶴見祐輔	21巻6号
一九三〇（昭和五）	八	前1　日米		21巻8号
一九三〇（昭和五）	一一	誤られたる雄弁	前田多門	21巻11号
一九三〇（昭和五）	一一	弁論界刷新座談会	加藤咄堂他	21巻11号
一九三三（昭和八）	二	諸君に大いに討論の練習をすゝむ	清沢洌	24巻2号
一九三三（昭和八）	六	討論の方法早わかり	清沢洌	24巻6号
一九三三（昭和八）	九	①自殺		24巻9号
一九三三（昭和八）	一〇	②田園文明		24巻10号
一九三三（昭和八）	一一	③寺院財産		24巻11号
一九三三（昭和八）	一二	④死刑		24巻12号
一九三四（昭和九）	一	討論熱を盛んにする研究会	加藤咄堂他	25巻1号
一九四〇（昭和一五）	一〇	新時代雄弁道場　第十講　討論には如何にして勝つか	赤神崇弘	31巻10号

られ、どのように実践に繋げられていったのか、そしてどのように総括されたのかについて確認していこう。

まず一九二三（大正一二）年から一九二六（大正一五）年までの間に、欧米で行われているディベートという活動の存在を伝えると共に、日本で当時行われていた討論会の課題を指摘する記事が四編掲載されている。

1　三名代表の討論会形式

「オックスフォード（英）対ハーバード（米）両大学対校大討論会を聴く」

ディベート式討論会に関する最初の記事は、谷川昇による「オックスフォード（英）対ハーバード（米）両大学対校大討論会を聴く」である。この記事は、一九二三（大正一二）年の第一四巻第二号に掲載されたものだが、その前年の一〇月九日にボストンで行われたイギリスのオックスフォード大学と、アメリカのハーバード大学の学生による討論会の模様を伝えた記事である。筆者は、ハーバード大学大学院に在籍している人物である。この討論会は「米国は即時国際連盟に参加せざる可からず」を討論題として、双方から三名ずつの討論者を出し、各人一五分間という制限時間の中で「相互順序に討論」したものである。当時、アメリカ合衆国が国際連盟に加盟するか否かで国内国外共に大きく揺れていた時期であったので、「両チームともその国の世論を代表するものでこの討論たるや普通の学生間の討論とは大いにその趣を異にし敵味方共に確信のある所を論じ討論は実際に於いて生きてゐるのである」という状況であった。

ここで展開されている討論会の形式、特に双方から三名ずつが登壇して討論し合うという形式は、その当時日本で行われていた討論会とは異なる形式であった。記事の目的は海外で行われた討論会の事実を伝えるというものであり、日本にこの形式を移入するということに対しては全く触れていない。ルールや進め方の詳しい紹介もない。しかし、この七年後に「前1日米」として新しい討論会の形式の紹介に当たってオックスフォード大学の名前が用いられており、大学対抗討論会の淵源ともなる記事である。しかし、掲載当時に、この形式を日本に移入しようという意図があったとは感じられない。それは、日本で行われている討論会との比較が全く行われていないことからも推察される。

しかしながら、三名ずつが登壇して行う討論会というものは、それまで日本で行われていた討論会とは全く形式を異にするものであるため、以後、この形式の討論会を語る際には三名ということが特徴として語られることになる。

2　肯定・否定の折衷はディベートか

「活気横溢意気沖天・誌上少年大討論会」

初めてディベートという活動が紹介された谷川昇の記事のほぼ一年後に、なかなか興味深い記事が掲載される。それは、「活気横溢意気沖天・誌上少年大討論会」という無署名記事である。「十五六歳より二十歳位までの少年より成り、洵《まこと》に理想的の団体」である「某少年団体の実演せる」討論会を「速記」したものという。そして、「先方の希望により、総て仮名を用ゐた」という（いずれも冒頭の囲み解説）。この討論会は「貧者と富者と孰れが幸福なるか」という議題で行われた。登壇したのは全部で六名であり、三名が富者の方が幸福だとし、三名が貧者の方が幸福だと主張するはずであった（したがって、谷川昇が伝えるオックスフォード大学で行われた討論会と形式的には同じであった）。それぞれは別々の観点から自分の意見を述べており、チームとしてまとまっているわけでも、相手に質問をしてその返答を待つということもない。一人ひとりがどちらかの立場から自分の意見を述べるという討論会であり、従来行われてきた討論会の内、議会活動を想定した討論会に分類できるものである。この記事で面白いのは、六人目、つまり貧者側の三人目として登壇した発言者（小山君）からなされた次のような発言である。

「私は、金持論者の説にも、又た貧乏人論者の説にも、いづれにも味方をする事は出来ないのであります。」

この発言を巡り、討論会は次のように展開する。

議長「さうすると、君は、貧乏党ではないんですか」

小山君、どぎまぎしてゐる。

「さうです、僕は、貧党として通告しましたが、今、みなさんの話をきくと、どつちもどうだと思ふのであります」

（ぢや、変節だ）といふものがある。

「さうかも知れません。けれども、正しいと思ふ事に向つては自分の意見をかへても差支へないと思ひます。私は、とにかく発言権をもつてゐますから……。云ふ丈の事をいはせて貰ひます」

と、彼は開き直る。

議長「さうすると、君の説は、折衷説とでもいふのですか」

小山君、すかさず。

「まア、さういへば、さうであります。両方にいゝところもあり、又両方に悪いところもあります、真理は、常に中間にあるといひますから……」

（ぢやア、討論になりやしない）と、黒沢君がじぶくり出す。

「議長！」と花田君が立つ。

「何でありますか、花田君」

花田君は、立上る。

「私は、小山君は、いけないと思ひます。今夜は、討論会であるから、どちらが幸福であるか、其の一方の方に味方をして説を立てねば、弁士の資格はありません。みんなの話をきいてから、最初は貧党であつた小山君が、急に寝返りを打つといふ事は、私は感服出来ないと思ひます。つきましては、議長は、小山君の降壇を命ずるやうにして頂きたい、私は、此の緊急動議を提出します」［傍線のみ引用者による。その他、傍点および傍三角符号は原文のまま。また、原文は発言を『　』で示しているが、「　」に改めた］

二つの立場に分かれて意見を述べ合っていた討論会の場で、「みなさんの話をきくと、どつちもどうだと思ふ」「両方にいゝところもあり、又両方に悪いところもあります」という両者の中間という立場が表明された。それに対して「討論会であるから、どちらが幸福であるか、其の一方の方に味方をして説を立てねば」ならないという批判が口にされる。従来の討論会が発言者に求めていた前提条件がここで確認される。さらに、「小山君の降壇を命ずるやうに」という緊急動議が提出されるに至る。

しかし、この引用部の後で、議長は議長判断として小山君の発言を許す。すると、小山君は「幸福には、肉体上の幸福もありませうし、精神上の幸福もありませうし、又物質上の幸福もありませう」ということを理由として、「此の議論は、勝負はなし」という提案をする。小山君のこの発言を受けて、議長から「議長も実は、小山君の説に賛成をするものであります、従って、これは採決をせずに、お預かりにし」たいという提案がなされる。

一つの討論題を巡って二つの立場に分かれて意見を述べ合う討論会の場で、一人の発言者が当初の持論を変えて折衷案を提案する。すると他の参加者から「急に寝返りを打」ったと受け取られ、「ぢやア、討論になりやしない」「其の一方の方に味方をして説を立てねば、弁士の資格はありません」と非難される。自分の意見が変わったと表明しているところから、この討論会は各自の持論を述べ合うものであることが分かるが、持論を述べ合う以上、他の発言者の発言を聞いているうちに考えが変わるということは十分にあり得る話である。さらに、討論題そのものが二つの立場に無理に分けている面があり、物事には一長一短がある、両面から物事を把握する必要があるという意見は妥当な見方であり、当然の主張でもある。しかし、討論会の中でそのような折衷案が出されたのでは討論会が成り立たなくなる。では、討論会とは何のために行うのか、問題を無理に設定して意見を述べ合うのは何のためなのかという疑問が起きてくる。この「活気横溢意気沖天・誌上少年大討論会」の中のやり取りは当時の討論会が大きな課題を抱えていることを具体的に指摘したものとみることができる。

この記事の場合、本当に実施された討論会の速記録なのか、それとも架空の討論会を描いた読み物記事なのかを判断する材料がない。しかし、展開の仕方から架空の討論会を読み物として提供したものではないかと想像される。当時行われていた討論会では、この記事のように、二派に分かれて意見を述べ合っているうちに対立点が曖昧になり、妥協的な提案、いわば折衷案が出されてあやふやなうちに終了する、このような場合があったのではないだろうか。そのような現実の討論会を戯画化したものがこの「活気横溢意気沖天・誌上少年大討論会」であると考えられる。

3　反論に対する視野

欧米で行われているディベートの存在が一チーム三名で行われるという点を強調しながら紹介された後に、日本に同種の討論会を移入しようという姿勢が示され始める。その際重視されるのが、討論会における反駁であった。

「討論の秘訣とその仕方」

「活気横溢意気沖天・誌上少年大討論会」で従来の討論会の課題が示された二年後、一九二六(大正一五)年の第一七巻第三号に、竹内尉「討論の秘訣とその仕方」が掲載された。ここでは、討論は「漠然たる議論ではない、秩序を立て、論議すべき方法を定め、論題を定めてその主張を戦はして正否を決する」ものであり、「論敵を控へて論議を戦はすものであるから」「演説、講演などよりは遥かに明晰なる頭脳と論理的の知識を有してゐなければならぬ」という前提の下に、討論（討論会における討論）の準備の仕方について説明されている。

この記事では、まず、論題を決めなければならないとして、討論題の決め方が説明される。討論題は、「論点が明瞭なもの」「問題は一つでなければならぬ」「論題は限定されてゐなければならぬ」「問題はなるべく簡単であり、部分的であり、具体的のものでなければならぬ」という。その後、論題について「精細なる、そして実質的の知識」を得るために、討論題について調べることの必要性が述べられ、さらに、立証することの必要性が説かれた後に「力強く証明し、その理論の正しいことを明快ならしむるためには言葉が鮮かでなければならぬ」とした上で、「まづ論敵が言はんとするところをよく理解し、論者の意思を摂取（自分のものとして取り入れること）して、その上に自己の所説を打ちたてなければならぬ」というように、相手の主張を受け止める必要が最後に触れられている。全体の半分以上が論題に対する知識の豊かさと立証の必要性を説くことに費やされ、相手の主張を聞くことは最後の四行に見えるだけである。

この「討論の秘訣とその仕方」では、演説・講演と討論とが異なるとしながらも、その説くところの大半は討論者が個人で行う準備の内容であり、討論する相手の主張に対する視野は皆無といってもよい。たとえば、相手の論を崩すことなどには全く触れていない。このように、この記事の討論会観は、討論題に対して自分がどのような論を立てるかという点が重視され、相手側に対する意識としては事前に相手側の主張を予想しておくことが触れられる程度であり、討論会当日に実際の相手の主張を受け止めてどのように反駁を組み立てていくかという点については重視されていなかったということが分かる。これでは、二つの立場に分かれて討論を行っても、各登壇者はそれぞれ自分の主張を行うだけで、相手の論を崩していく反駁はほとんど行われないことになる。おそらくは、これが当時の討論観・討論会観だったのだろう。

4　ディベートは雄弁の真髄である

「日本に討論の行はれざるは何ぞ」

竹内尉「討論の秘訣とその仕方」の六ヶ月後の一九二六（大正一五）年の第一七巻第九号に掲載されたのが、茅原華山の「日本に討論の行はれざるは何ぞ」である。これは、従来行われていたものとは異なる「討論会」移入の必要性を明確に打ち出した最初の記事である。

各大学や、専門学校や、中学校等に弁論部といふものがある。又雄弁会と称するものがある。然るに彼等の討論会に於ける内容を観察するに、演説はあるが、デベート即ち討論がないやうである。デベートは雄弁の神髄であるにも拘らず、何故に日本の弁論会には討論がないのであ

らうか。さうして討論なくして果して雄弁の目的を達し得るであらうか。〔傍点は原文による〕

茅原は、日本には「演説はあるが、デベート即ち討論がない」「デベートは雄弁の神髄であるにも拘らず、何故に日本の弁論会には討論がないのであらうか。」「討論なくして果して雄弁の目的を達し得るであらうか」と、「デベート」の移入を強く訴えた。「討論会に於ける内容を観察」した結果、「討論がない」ことを指摘しているのであるから、表面的には「意見を述べ合う活動」が成立しているようにみえるが、当時の「討論」という活動は本当の「討論」となっていないということである。もっとも、どのような内容を「デベート即ち討論」と呼んでいるのかは明確でない。ただ、「デベート」という語を用いていることから、英語圏には存在しているものということになる。そして、その「デベート」は「雄弁の神髄である」とされている。わざわざ「デベート」と表記することで、茅原は従来の討論会にはないものの移入を強

茅原華山　一八七〇（明治三）年～一九五二（昭和二七）年。明治後期・大正期を中心に活躍したジャーナリスト。本名は、茅原廉太郎。『東北日報』の記者となったのを皮切りに、『山形自由新聞』『日韓人民』『長野新聞』『万朝報』の記者として活躍した。一九一三（大正一三）年雑誌『第三帝国』が創刊されるとその中心的な存在となり、吉野作造らと共に「民本主義」を主導した。『第三帝国』は、当時の青年読者の主張を集約する存在となり、茅原はそれら大正期の青年たちの指導者的役割を果たした。『雄弁』には草創期の一九一二（明治四五）年以降、大正期を中心としてしばしば記事が掲載されている。

く訴えたということである。従来の「討論会」と呼ばれる活動とは異なるものをここで提起しようとしている。

このように茅原は従来の討論会とは区別して「デベート」の移入を訴えた。一方で、「デベート」の内容については、「雄弁の神髄」としながらも何も具体的なものを示さなかった。「デベート」の内容を具体的に示さぬままに、その不成立が従来の討論会の課題として指摘されている。したがって、この記事では、従来の討論会とは異なる何か、「デベート」なるものの移入が強く求められたということになる。

5　反駁しあうことによって真相の発見を

以上の四編は、欧米に行われているディベートという活動の存在を知らせると共に、従来行われてきた討論会の課題を示すという、いわば大学対抗討論会（ディベート式討論会）の実施に向けて最初の土起しをした記事群であった。この後は、欧米のディベートについての体験談、アメリカで行われているディベートという活動のより具体的な説明と続き、やがてディベートという活動の日本への移入ということが話題にされるようになる。その動きを、具体的にたどってみよう。

「米国学生大討論会に出陣して」

茅原華山「日本に討論の行はれざるは何ぞ」の一年後、一九二七（昭和二）年に掲載されたのが、トシー・遠藤「米国学生大討論会に出陣して」である。この記事は、自身がアメリカのハイスクールで体験した討論会の思い出を紹介したものである。その討論会は、次のような形式で行われた。

① 「敵味方とも二人から三人位が一団となつて」行われる。
② 発言に時間制限がある。
③ 投票によって勝敗を決する。

これら三点から、この記事では「討論会」という名称を用いているが、ここで紹介されているものは、従来日本で行われていた討論会ではないということが分かる。ここでも三人がチームとなることが最初に示されている。

遠藤が体験した「討論会」は、雄弁術の授業の中で行われたものであり、「東洋移民入国は許可すべきや否や」を討論題とした。遠藤はフィリピン人生徒・中国人生徒と共に肯定側となり、アメリカ人生徒三人による否定側と「討論会」を行っている。そして、全生徒の投票によって肯定側、即ち遠藤たちの勝ちとなったという。論題に対するチームの組み方に意図的なものが感じられるが、アメリカのハイスクールの授業で取り組まれている、従来「討論会」という名称で日本で行われていたものとは大きく異なる「討論会」という活動を紹介する記事となっている。

四年前に掲載された谷川昇の「オックスフォード（英）対ハーバード（米） 両大学対校大討論

会を聴く」と同様に海外の「討論会」活動を紹介した記事ではあるが、より具体的な記述であり、しかも読者にとっても身近な話題が取り上げられた、実体験に根差した紹介記事となっている点、より実践に繋がる要素を持った記事である。

「討論演説の好模範!! 日米大学生雄弁対抗戦を見る」

「米国学生大討論会に出陣して」の翌月の一九二八(昭和三)年に掲載されたのが、清沢洌による「討論演説の好模範!! 日米大学生雄弁対抗戦を見る」(以下「日米大学生雄弁対抗戦を見る」と略記する)である。この記事では、アメリカの大学で行われている「立会討論(ディベート)」が紹介されている。記事としては、アメリカのオレゴン大学から派遣されてきた学生から「立会討論(ディベート)をやらうといふ」(( )は原文による)申し出があったが、日本の大学生には無理ということで、「普通の雄弁」を行うことになったという催しの内容を紹介したものである。その冒頭で、「米国の大学生間にはこのDebateといふものが頗《すこぶ》る盛んで、ベース・ボールで覇を競ふやうに、頭の確かな、討論力のある学生の一組(三人からなつてゐる)を送つて、一つの問題について討論をし、勝敗を決することが非常に多い」と紹介されている。

学生三人が一組となって「一つの問題について討論をし、勝敗を決する」という活動は、先にトシー・遠藤がアメリカで体験したという「討論会」と同一のものと考えられる。したがって、トシー・遠藤の「米国学生大討論会に出陣して」、清沢洌の「日米大学生雄弁対抗戦を見る」両記事共に、アメリカの学校で行われている「ディベート」という活動、日本でそれまで行われていた討論会とは異なる「デイベート」という活動の存在を読者に知らせる役割を果たしている。

さらに、茅原華山が「デベート」の語を「討論会」において成立すべきものという狭い意味で使っていたのに対して、この「日米大学生雄弁対抗戦を見る」では企画された催し物そのものを「デイベート」と呼んでいる点にも注目したい。従来の討論会という企画に対置されるものとしてディベートという活動が扱われているということである。

「雄弁座談会」「雄弁座談会――その二――」

「日米大学生雄弁対抗戦を見る」の三ヶ月後、一九二八（昭和三）年の第一九巻第四号と第五号に「雄弁座談会」（第四号には「雄弁座談会」、第五号には「雄弁座談会――その二――」という題が付いている）という座談会記事が掲載された。座談会が行われたのは同年二月一三日、場所は「小石川伝通院前西川亭」であり、出席者は、加藤咄堂、笠井重治、乾精末、久留島武彦[2]、安倍季雄[3]、小林一郎の六名であった。

第四号の記事では、まず野次の弊害が話題となり、久留島武彦が次のように述べている。

各大学辺りに、弁論部だとか、雄弁大会だとか云ふのがあるやうだけれども、その遣り口は必ずしも自己の主義、主張を完全に言ひ現すと云ふことを標準にせずして、たゞ演説度胸を錬ると云ふやうな傾向が著しい。それでそれを成るだけ脅かさうと云ふのが聴衆の眼目になつてゐる。即ち弥次《やじ》を飛ばす。弥次術に於ては、実に日本の学生は弁論道に於て進んで居る位置を持つて居るものではないか。随つて演説に立つ者の心構へと云ふものは、内容充実に非らずして、如何に弥次に対して之を防止しつゝ自己の論旨を進むることが出来るかと云ふにある。其結果は多く正道を踏まずに間道を踏むことになる。随つて弁舌は詭弁を弄するやうなことが多い。

久留島はここで大学の弁論部や雄弁大会における野次（弥次）の多さと、その野次対策として弁士が「多く正道を踏まずに間道を踏むこと」となるため「詭弁を弄するやうなことが多い」点とを指摘している。逆に「正道」とされているのは、「自己の主義、主張を完全に言ひ現す」「内容充実」した雄弁である。当時の雄弁を批判すると共に、どのような雄弁を理想とするのかを語っている。

その野次の弊害について語り合う中で、「討論会」が話題に上る。以下、その経緯を具体的にたどってみよう。

○安倍　［前略］学生の雄弁会は弥次を禁止して見たらどうですか。その反駁があるならば演壇に立たしめると云ふ責任を持たせたらどうであらうか。
○乾　演説会をやめて、寧ろ討論会をやつたらいゝ。

○安倍　討論会と一緒にやつたらよからう。
○久留島　討論会と雄弁会と二つ併用するがいゝ。雄弁会の時は、十五分乃至《ないし》二十分、時間を極《き》めて論旨を尽さしめ、それに対して内容と発表の様式、それに籠《こも》つた力と云ふやうなものを弁論部の指導委員が指導を与へる。それから一方の、咄嗟《とつさ》の間に自分の論旨を進めて行つたり、或は言葉の配列、もしくは思想の転化と云つたやうなことは、討論会で錬らせる。今、雄弁会の方では、討論会類似の形を取らせて居るのである。弥次は真の討論でないけれども、其弥次に非常に力を認めて居るが故に、その弥次を思想に依つて封ずるのでなくして、たゞ思想の配列の様式で封じようとして居る。故に勢ひ詭弁ならざるを得ない。
○加藤　帝国議会が弥次るから、あの弥次の伝染だらう。
○安倍　それは迚《とて》も直すことが出来ないのですから、学校に於ても、雄弁会に於ても、弥次を厳禁して討論

加藤咄堂　一八七〇（明治三）年～一九四九（昭和二四）年。仏教学者。本名は、加藤熊一郎。仏教の大衆化に努めると共に、雄弁家として明治・大正・昭和の三代にわたって第一線で指導的立場にあった。

雑誌『雄弁』でも、一九一〇年の創刊号に緑会発会式で行った演説が掲載されており、一九四一年の最終号にも三二年間を振り返る座談会「時代と雄弁を語る座談会」に参加している。大学対抗討論会の実施に当たっても、その実施に重要な意味をもった三つの座談会「雄弁座談会」「弁論界刷新座談会」「討論熱を盛んにする研究会」にただ一人すべて参加しており、ディベート式討論法の移入推進を強く促す発言をしている。

会をする。それは学校なら出来る。さうすれば改まつて行くでせう。

ここでは、野次は無責任な反駁だという認識から「演壇に立たしめると云ふ責任を持たせたらどう」かという、聴衆にも発言の場を与えることで無責任な野次をやめさせようという提案が安倍季雄から行われた。それを受けて、乾精末から「寧ろ討論会を」やってはどうかという提案がある。したがって、ここでは反駁を行う場として討論会が意識されている。その乾の提案に対して、安倍が演説会を「討論会と一緒に」行うという案を出す。すると久留島が「討論会と雄弁会と二つ併用する」と安倍の案に賛同した上で、具体的な進め方を述べている。まず雄弁会（演説会）を一人当たり一五分から二〇分という時間制限を設けて行う。この演説会では「内容と発表の様式」「籠った力」を指導する。次に討論会を行い、「咄嗟の間に自分の論旨を進め」ることや「言葉の配列」「思想の転化」を指導するというものである。そして、現在の雄弁会というものは、「討論会類似の形即ち似非討論会になっていると、現状を再び批判している。さらに帝国議会の悪弊に触れた加藤咄堂の発言を受けて、安倍季雄が学校で討論会を行っていくことによって、やがては帝国議会も含めて悪習が改まっていくだろうとこの場をまとめている。

ここで話題になっている討論会は、「反駁があるならば演壇に立たしめる」という言葉を受ける形で発言が続いていることからも、反駁場面に注目した討論会認識である。そのため、久留島の提案した討論会と演説会との「併用」も、最初に演説を行い、その後に討論を行うという形式が想定されている。つまり、演説と反駁とを場面を分けて行おうというのである。ただし、演説された内容について討論を行うのか、それとも演説の内容とは全く切り離して討論を行うのかが、ここでは明確になっていない。しかし、もしも演説された内容に基づいて討論を行うのだとしたら、この形式は、演説を主張と言い換えれば、最初に双方が主張を行いそれについて反駁し合うという、大学対抗討論会の形式に重なっていく。しかも、安倍からは、このような討論会をまずは学校で行うことが提案されている。その際には「弥次を禁止して」行うという。これも、聴衆を入れずに討論会を行った、大学対抗討論会の形式と重なっている。

ここで話題に出た討論会の進め方が、大学対抗討論会の企画にかなりの示唆を与えていることが感じられる。

この、演説会と一緒に行われる討論会の件は、「雄弁座談会――その二――」で座談会の最後の話題として、記者即ち編輯部から「雑誌の上で討論をやつたら面白からうと思ひますが、題材に適当なものはないでせうか」という質問となって再び話題にされる。ここで「雑誌」と言われているのは、『雄弁』を念頭に置いているのだろうから、『雄弁』誌上で討論会を行うということが想定されていることになる。しかも、討論会としての「題材」を考えようというのは、討論会を演説会の内容とは切り離して行うという前提に立っているからである。そのように演説の内容を踏まえないのであれば、討論会は演説会とは独立して、演説会とは別個に行うことが可能になる。そのような討論会を『雄弁』で行ったら「面白からう」というのである。この言葉が編輯部としての見解か、この記者の個人的な意見なのかは不明だが、少なくとも編輯部の一部はこのような討論会の企画を前向きに捉えていることが分かる。そして、具体的に討論題のアイディアを求めているのである。

その質問に対して、久留島武彦が「思想問題などはどうでせうか」とすぐに反応する。そして、小林一郎からは「英雄崇拝とデモクラシイの関係はどうだらう」、笠井重治からは「普通選挙と専制政治との研究なども、面白い問題になるかも知れぬ」と具体的な提案がある。さらに、久留島から「討論問題としては、僕が個人として知りたい問題がある。それはモダンガールに就ての批判です」と、政治的な問題から文化的な問題にやや広げた提案が続いている。

具体的な提案はここに示した三案であるが、いずれも当時の社会に強く結びついた問題である。特に小林の「英雄崇拝とデモクラシイの関係」という提案は久留島がイタリアファシスト党のムッソリーニに触れたことを受け、「デモクラシイの思想が頭を上げて居るのだから」と述べた上での提案なので、政治的にも社会的にも賛否両論の意見が現実に対立している討論題であることが分かる(4)。そして、大学対抗討論会の討論題として、「政党政治を排撃す」(第五回)、「女性が職業戦線に進出するの可否」(第七回)という題目が取り上げられていることに、ここでの提案の影響が感じられるが、この影響の有無については、判断の根拠とするほどの材料がない。しかし、大学対抗討論会が一貫して社会的に切実な問題であったものを取り上げたという姿勢には、この座談会で示された方向性が影響したと言えるのではないだろうか。

反駁を重視した討論会実施の提案という点、さらに討論題として社会的に切実な話題になっていることを取り上げるという姿勢という点、この二点について、この「雄弁座談会」は大学対抗討論会にとって大きな意味をもった。

「討論の呼吸」

一九二九（昭和四）年の今井三郎「討論の呼吸」は、演説との差異を強調しながら、「討論のコツ」を解説している。ここで論じられている「討論」とは、本文中に「聴衆の合理性に訴へるものでなければならぬ」とあるので、公開の場で行われる討論会を想定したもので、個人的に行われる討論ではない。また、時間制限についても触れているので、発言時間に制限のある討論会である。しかも、発言が組織的に行われることを求めているので、複数の人間が同じ立場として発言する討論会を想定していることが分かる。以上のことから、今井三郎が討論会と呼んでいるものは、従来のように一人ひとりがそれぞれの立場から意見を述べる討論会ではなく、ディベート式討論法、あるいはそれに近いものではないかと推測されるが、この点については明確にされていないので、今は断定を避ける。

ここで今井は、次のような「討論のコツ」を挙げている。

（1）討論題についての知識

「この問題に就いては、自分は専門家だ、誰れでも来い、といつたやうな自信を持つことが肝要である」という。事前に討論題について十分に研究しておくことの必要を第一に掲げている。

（2）相手の論点を正確に捉えること

「反対者の論点を誤りなく正確にとらへることが肝要である」「反対者の論点を正確にとらへて、これを正反対の論点の見地から正確に反駁するのである」という。〔傍点は原文による。以下同じ〕。反駁するために、まず相手の主張を正確に把握することが強調されている。

（3）冷静さ

「いかなる場合にも、討論に於てはのぼせてはならぬ。」という。あくまでも冷静に討論することを求めている。

（4）発言時間

「討論のなかばに於て、司会者に、『時間は、あといくらありますか』などと、訊ぬることは、単に、時間の浪費であるばかりでなく、討論がダレて仕舞ふことになるので、これは断じてやってはならぬ」という。この説明から、発言には時間制限があり、発言者はその制限を意識して話すことが前提とされていることが分かる。

（5）相手の主張の論旨を捉え、反駁を組み立てる方法を身につけること

この技法を「その要点のノオトをとり、同時に最も短い時間に於て、それに対して反対の論旨をまとめることである」と説明している。しかも、「討論者の前にテイブルを置くこと」「紙並に青と赤の、鉛筆とを携帯すること」を求めている。その上で、「反対者のポイントを青でしるし、それの反駁を赤色で書きとめて置く」ことを勧めている。

ここで、相手の論旨を正確に把握すると共に、反駁を的確に行うためにメモの活用を具体的に示している点に注目しておきたい。相手の発言を正確に聞き取り、的確に反駁することを強調しても、それを行うためにどのような技法があるのかという点にまで言及したものは、後に触れる赤神崇弘の「新時代雄弁道場　第十講　討論には如何にして勝つか」以外にないからである。その意味で、「討論の呼吸」の掲げるこの注意は貴重である。

従来の討論会とは異なる討論会という企画について、具体的にその心得が説かれたものである。

「新雄弁法六講　討論の仕方」

一九三〇（昭和五）年に鶴見祐輔(5)が発表したものが「新雄弁法六講　討論の仕方」である。しかも、大学対抗討論会のプレ企画である「前1日米」の二ヶ月前に掲載されている。

この記事は、「新雄弁法六講」と名付けられた六ヶ月の連載シリーズの最後のものである。この連載記事は毎回題材と執筆者を異にし、この年の第一号からこの第六号まで連載された。今、各回の題名と執筆者を示すと、次のようになる。

第一回　政談演説の仕方　清瀬一郎
第二回　五分間演説の仕方　今井三郎
第三回　講演の仕方　森本厚吉
第四回　童話の仕方　安倍季雄

第五回　式辞挨拶の仕方　田川大吉郎

第六回　討論の仕方　鶴見祐輔

このように、「新雄弁法」と銘打ち、多数を前に話す場面を六場面取り上げて、それぞれの行い方を述べたシリーズ記事である。したがって、六回の記事全体として特に討論を取り上げて、その普及を図った記事ではない。

「新雄弁法六講　討論の仕方」では、まず「情感を動か」す演説に対して、討論は「理性に訴へる」ものだと、演説との差異を示した上で、「ことに討論といふものが、これからの言論界の非常に大切な部門となるに相違ない」と、討論の重要性を指摘する。そして、「近代的の意味の討論は公開討論である」として、公開の場で行われる討論会を対象とすることが示される。その上で、「ゆゑに対手《あひて》を説破したりや否や、よりは、この両人の討論の結果、これが審判者たる一般大衆に如何なる影響を与へるかといふことが大切である。」として、公開討論会である以上、その場には聴衆がおり、その聴衆が審判となって判断を下すものだということが語られる。それに続けて、「ゆゑに言はゞ討論は、一人の相手を道具として、一般大衆に呼び掛ける一つの形式である。」と述べ、討論会が討論の相手ではなく、聴衆に向けて話される場であることが強調される。

　鶴見祐輔がここで想定している「討論」とは、多くの聴衆を前にして行われる公開討論会のことであり、「議会討論のごときその著しき一例である」というように、議会活動、少なくとも公的な議会における討論の場である。少なくとも、そのような議会で討論を行うことを望む読者を想定してこの記事を書いていることが分かる。そのように、議会活動に繋がることを念頭に置いてディベート式討論法を捉える姿勢は、例示もイギリス議会や日本の枢密院で行われた討論であることからもうかがえる。

その公開討論会を想定した討論では、次の六点の注意が必要だという。

(1)「論点の把握」
(2)「到着点の決定」
(3)「相手に呑まれないといふこと」
(4)論点のコントロール
(5)反駁
(6)討論題についての知識

この中の(5)反駁について、その内容を確認してみよう。

ここでは、反駁を行うためには「早く相手の論点を把握して、これを打破する修錬」が大切だという。さらに、「人の話を聞きながら、すぐこれを頭の中で分析して、その弱点を発見し、これを打破するやうに自分の論法を組み立てるのであるから、どうしても要点を早く理解する習慣を養ふことが、何より大切である」という。反駁を重視し、その練習をせよという。このように反駁することの重要さ、特に相手の主張に対する反駁を瞬時に行うことを求めているということから、そのように反駁をし合う討論会を想定しているということも分かる。

ここまで見てきたように、「新雄弁法六講　討論の仕方」では、反駁の重要さを訴えた。しかし、その一方で反駁についてどのような準備をしたらよいのかという点については何も触れていない。しかも、討論の留意点として挙げられたものは、今井三郎の「討論の呼吸」で示されていたものに酷似している。公開の場で行われる討論会としては常識的な留意点であるために酷似したのかもしれないが、「討論の呼吸」が示していた相手の論旨を正確に捉えて反駁を的確に行うための技法に相当するような、具体的な技能について何も示していないという点では、討論会実践を目指したものとしてはむしろ一歩後退したものとなっている。

「前1　日米戦ふの日ありや否や」

一九三〇（昭和五）年の第二一巻第八号の「本誌主催学生大討論会　日米戦ふの日ありや否や」（「前1日米」）は、大学対抗討論会の先駆けとなった企画であるが、その冒頭で、討論会のルールを掲げ、従来の討論会に対して新しい討論会を始める意味を解説している。

まず、ルールが囲み記事として次のように示される。

> 討論会要項
> 一、討論題　日米戦ふの日ありや否や
> 一、司会者　五来欣造博士

一、出席者
（イ）名士側　竹内海軍中将、植原悦二郎代議士
（ロ）学生側　帝大二名、早大二名、慶大二名
一、討論心得
（イ）討論方法　デベート式による
（ロ）時間制限　名士は二十分学生は十分
（ハ）質問方法　名士に対する者三名、一人二回限り通計五分
　　　　　　　　学生に対する者二名、一人二回限り通計五分
一、登壇順序
一、採決方法　一般傍聴者の投票

この「要項」の後に掲載されている、議長五来欣造の挨拶の中で、「是からの討論会は全く英国のケンブリッヂ、オックスフオードに於て採用されて居る純粋なるデベート、学術的なる討論の形を採ることが最も必要である」とし、「今日は雑誌『雄弁』が其方式を用ひて範を天下に示したいと云ふ趣旨から此方法を採つた」と述べている。

したがって、この討論会が「純粋なるデベート」の方式で行われると規定した上で、発言時間や質問回数等の規則を示していることになる。「登壇順序」の欄は空欄だが、司会者の五来から「先づ開戦の日ありと云ふ方《はう》から討論を始めまして交互に登壇する訳であります。」「質問の優先権は先

づ反対論の討論者の中にあり、それが無かつた場合は賛成者の方の討論者に許す、其質問もなかつた場合には聴衆に許す」と討論会の進め方が具体的に説明されている。つまり、発言は肯定側から始め、質問は主張に対して反対の立場の者、賛成の立場の者、最後に聴衆の順に行うというのである。

五来はこの討論会を「此討論は純学術的の討論であります」とし、従来の「擬国会」と比較し、擬国会が国会の真似であり言論活動として十分の効果を挙げていないためにこの方式を採用すると述べ、「デベート、学術的なる討論」を行うことの必要性を訴えている。「学術的」ということを強調しているのは、「政治的」ではないということを強調したかったのかとも考えられる。そうだとすると、明治初期に自由民権運動が圧迫された時期に、「学術討論会」という語を用いたことを思い出す。「政治」の対立項として「学術」の語を用いるという同じ発想があるからである。もっとも明治の場合は政治的催しではないというカモフラージュであったが、ここでは純粋に政治活動ではない企画となっている。

「要項」では「名士」も討論に加わることになっているが、実際に討論を行ったのは学生だけで、「名士側」の二人は最後に講評を行うにとどまっている。その講評の中で、代議士の植原悦二郎が、この企画の意義について次のように説明している。

私は各学校に於て思想問題などの為に、所謂《いはゆる》雄弁会といふものが多少今学校の幹部から圧迫されて居ることに対して、非常な悲しみを抱いて居る一人であります。普選の世の中になり、労働運動でも、資本家の仕事でも、政治、教育、社会、宗教、何でも今日は多数の人を相手にしなければならないが故に、自分の考を徹底的に自分のものとして置くと共に、其考を自分が思ふ通りに表現し得るだけの弁舌を用ひなければ、十分活動することは出来ないといふのが、私の平素の持論であります。

学生は結論に到達することを急いではいけない、学生は事実を研究すれば、其事実を以て議論することに努めなければいけない。斯《か》ういふ為に此会が開かれたといふことを聞きまして私は非常に喜んだものであります。

ここで植原は思想問題のために各学校の「雄弁会」が学校当局から弾圧を受けていることに触れ、そのような世の中でも、自分の考えを「徹底的に自分のものと」することと、自分の考えを「思ふ通りに表現し得るだけの弁舌を用」いなければ十分な活動はできないとしている。ここで、思想的な統制が進んでいくことへの危惧と、それに対する弁舌の必要性とが訴えられている。その上で、この討論会の試みが、事実に基づいて議論することの普及にあることが紹介されている。後半は、学生がともすれば空虚な理論（この場合にはマルクス主義を念頭に置くか）に走りがちな風潮を改め、現実を踏まえた議論をする力を養うことが期待されていると読み取ることもできる。いずれにし

ろ、この討論会の企画が、当時の言論弾圧に対する抵抗という意識をその底辺にもっていたことが感じられる。(6)

最後に、「時間の都合上」採決は「省略」されたという。この採決しないという形式は、実際の大学対抗討論会に、最初から採決を予定しないという形で受け継がれている。

このように、「前1日米」では、討論会の具体的なルールが示され、それが「デベート式」と名付けられている。そして、それは「英国のケンブリッヂ、オックスフォードに於て採用されて居る純粋なるデベート、学術的なる討論の形」だと説明されているが、なぜこのルールによって新形式の討論会を行うのかは説明されていない。また、そのルールが、従来の討論の仕方をどのように変更することになるのかについても語っていない。その一方で、当時の政治的、社会的な状況に対する抵抗という意識があることが語られていた。政治社会への視野という面は、「名士」とされている講評者が、代議士と海軍中将であるという人選にも感じられる。この後に実施される大学対抗討論会では、講評者は経済学や法学等の研究者・評論家か、弁論に関する評論家が多数を占めており、代議士は鶴見祐輔のみであり、軍関係者は皆無となる。そこに、「前1日米」とその後の大学対抗討論会との差異を読み取ることもできるが、討論題が民族問題やブロック経済など当時の社会的関心の高い問題を取り上げていることから、討論会の底辺には「前1日米」と共通する姿勢を感じ取ることもできよう。

いずれにしろ、茅原華山の「日本に討論の行はれざるは何ぞ」で指摘されて以来少しずつ具体化してきた、従来の討論会とは異なる形式による討論会というものが具体的な企画として実施を見たという点、しかもその実施の内容が具体的な発言記録として掲載されたという点に大きな意味のある記事である。

「誤られたる雄弁」

「誤られたる雄弁」は、前田多門が「前1日米」の三ヶ月後、一九三〇（昭和五）年一一月に発表した記事である。「近頃学生や青年会の演説会がどうも不真面目になつたといふことを聞く」とし、それは国会が「泥試合的狂演」になっていることの影響だとしている。世人は「いつの間にかさういふのが討論の常だと考へ」「自然青年の間にも模倣されて、活気ある討論会といふのは、何か弥次を飛ばし合うて一騒ぎ起さねば物にならぬやうに考へ込まれて仕舞つたやうである」と述べ、討論会の問題点として、まず、野次を取り上げている。

さらに、議会の問題点として、次のように述べている。

日本の議会はといふと『話しをしあふ場所』ではなく、『喧嘩をしあふ場所』になつてゐる。言議を尽すのが目的でなくて、相手を遣つ付けるのが目的であり、遣つ付けるためには手段を選《えら》まぬのである。

つまり、日本の議会では話し合いが成立せず、喧嘩ばかりだという。そして、相手を屈服させることが目的となっており、そのためには手段を選ばない状態だという。

その上で、前田は「discussion《ディスカッション》」の概念を「debate《デベエート》」に対置する。

後者［debate……引用者注］は語源のdebattre《デバツレ》が示すが如く、「互に戦ふ」意味が包含されてゐるが、前者［discussion……引用者注］は『ある問題に就いて真相を発見するためにあらゆる研究を尽す』といふことで、決して眼をむき合うて所謂論戦や論難をするのではない。是非善悪凡ての論点をぶちまけ、御互に語り尽すのである。［中略］弁論に於けるこのdiscussionの様式が著しく吾国に於て欠けて居るのを、西洋の言論界なぞと比較して思ふのである。

日本では、「眼をむき合うて所謂論戦や論難をする」ことばかりで、「ある問題に就いて真相を発見するためにあらゆる研究を尽す」「是非善悪凡ての論点をぶちまけ、御互に語り尽す」discussionが不足しているという。

さらに続けて

吾国で討論といふとすぐ勝つか負けるかゞ主眼となる。［中略］意地や感情が議論の根底に蟠《わだかま》つてくるのである。故に討論会をやつた跡は参加者が幾分ゆがめられた感じで散会しなければならぬ。それが不愉快だから自然言つ放し聞きつ放しの演説会が多くなつて、所謂フォーラムといふやうな正反対の議論が同演壇で行はれるといふやうな事が少くなり、堂々と反対論を戦はせることが出来ないから、その腹癒せといふ訳か弥次が多くなる。そしてその弥次に悩まされる結果、演説者は弥次退治といふ事に熱中して、論旨は兎に角何か奇抜なことをいうて一座を煙にまくといふこと許《ばか》りに力を入れる。従つて演説会が不真面目に流れるのでは無いかと思ふ。

つまり、discussionが普及していないために意地や感情が蟠った討論となり、参加者は不愉快になる。そのように不愉快になるのが嫌だから演説会が多くなることから、反論を戦わせることができなくなる。反論を戦わせることができないから、野次が多くなる。野次が多いから、演説者は野次対策に熱中するばかりとなり、その結果として演説会が不真面目になるというのである。したがって、「有《あり》の儘《まゝ》の気持と材料とで問題の考察研究を尽す所謂discussionの風を養成し度《た》いものである」と、discussionの必要性を訴えている。

ここで重視されているのは反駁である。互いに相手の論に反駁する機会（即ち討論の場）の欠如が指摘されている。したがって、前田がこの記事で問題視しているのは、反駁し合うことで問題の核心を見出していこうしない討論会である。しかも、そのような討論は国会の影響で生じたとされていることから、ここでの討論会は議会活動を意識したものだということが分かる。

「弁論界刷新座談会」

前田多門の「誤られたる雄弁」と同じ一九三〇（昭和五）年第二一巻第一一号に、「弁論界刷新座談会」という座談会記事が掲載された。記事の示すところによれば、座談会が行われたのは同年九月一一日、場所は東京会館であり、出席者は、奥むめお（消費組合協会理事）、加藤咄堂、高藤太一郎（東京市立第二中学校長）、内ケ崎作三郎（前内務参与官）、久留島武彦、松原一彦（大日本連合青年団理事）、安倍季雄、青木得三（大蔵省主税局長）、守屋東（婦人矯風会理事）、関屋龍吉（文部省社会教育局長）である（記載順・肩書は同記事による）[7]。

座談会に先立ち、「記者」から「この頃の弁論界の傾向に就いては実に憂ふべきものがある」として、「ある大学では雄弁研究団体が解散される」「大会社や大商店などでは弁論研究者が圧迫される」「地方では県下の青年雄弁大会が取り止めになる」という状況が紹介されている。このような状況を踏まえて、「現下の弁論界を対象として、その刷新改善を要すべき諸点に就て隔意なき御意見を伺ひ、延いて真の雄弁道を打立て、行きたい」という趣旨でこの座談会が開催されたことが語られる。当時の弁論を巡る人々の活動はかなりの制限が加えられつつあったことを『雄弁』編輯部が感じており、その突破口を見いだそうとしていたことが分かる。したがって、この座談会は、厳しい現実認識を踏まえて、言論活動にどのような課題があり、どのような可能性があるのかを語り合うという、現実を踏まえた発言が続いている。言論活動への圧力が強まりつつある状況の中でディベートというものがなぜ求められたのかについて確認することができる。

言論活動圧迫の状況

全体の司会は久留島武彦が担当している。それは、久留島が、前年から大日本雄弁会講談社の企画「巡回雄弁法講座」の講師として前月までに「三府四十県」を回り、「地方青年の弁論会、学生の雄弁研究団体」の状況に触れていたからである。そのために、座談会冒頭で、久留島から「県の当路者或は学校の首脳者」がもっている懸念は、「あまり弁論といふものを指導し、奨励されると多少思想的に或る傾きを現し、同時にその方に油を掛けるやうな方法になりはしないだらうか」というものであったことが報告される。北陸のある中学校長は弁論部長と共に「巡回雄弁法講座」の内容を確認に来たという逸話まで紹介される。その他、師範学校では「弁論部といふ言葉を避けて修辞部といふ名前を付けて居る所がある」という。

ここで語られているような弁論に対する社会的な警戒感は、**はじめに**で触れたような一九三〇（昭和五）年という時期を考えれば、ほぼ予想されることではある。しかしながら、その全国的な状況を直接目にしてきた人間の言葉として、この久留島武彦のもたらす情報は貴重なものである。弁論という名称さえ忌避するほどの警戒感が学校指導者側には存在していた。

ディベートへの言及

社会的な圧迫とは別に、弁論活動そのものがもつ課題があげられている。今、それを主に指摘した人物名と共にまとめてみよう。
① 言葉の選択、発音、声の使い方等基礎的知識がない。（久留島武彦）
② 論理的な組み立てが不足している。（加藤咄堂）
③ 思想的に確立していないままに話す。（加藤咄堂）
④ 適切な野次の仕方を知らない。（加藤咄堂）
⑤ 一方的に話すだけで反響について考慮していない。（内ケ崎作三郎）
⑥ イギリスの学校には「デヴエーテイング・ソサイテー」という討論会がある。（内ケ崎作三郎）
⑦ 日本では演説に対する反駁がないために自分の主張ばかりで「楯の一面しか分からない」。（内ケ崎作三郎）
⑧ 日本の学校の演説会は討論会にすべきである。（内ケ崎作三郎）
⑨ 弁論会が弁論の練習ではなく、思想の発表機関になっている（安倍季雄）
⑩ 聴衆に受けようとして「左傾的な議論」に偏っていく（松原一彦）
⑪ 雄弁は「如何にして真実を語るべきかを研究すべきもの」だ。（加藤咄堂）
⑫ 形式だけを練習するということも価値がないわけではない。（青木得三）
⑬ 弁舌には人格を第一にする考えと、技法を大切にする考えの二つの考え方がある。（久留島武彦）
⑭ 中等学校や青年団では「真面目に正直に秩序正しく、出来るだけ自分の意思を明《あきらか》に他に伝へ

る」ことを目的とすべきだ。（関屋龍吉）

⑮研究会、「デエベート」を奨励すべきだ。（関屋龍吉）

⑯言うべきことがあり、「然る後に第二次にそれを言ひ表はす方法として雄弁といふものがある」。（青木得三）

⑰討論を許さないから野次が多くなる。「討論を許せば私は比較的野次が少くなると思ひます」。（松原一彦）

おおよそこのように座談会は展開している。ここでは、⑬で久留島武彦がまとめているように、弁論というものを話す内容を重視して捉える考え方と、話す技法も重視して捉える考え方とが、やや対立しながら座談が進んでいる。

さらに、傍線を付した⑥⑧⑮⑰の発言で討論、あるいはディベート（「デヴエーテイング・ソサイテー」「デエベート」）に触れている。⑥⑧では、一方的に話すだけで反駁のない演説に対して「デヴエーテイング・ソサイテー」「討論会」が提案され、⑮では自分の意思を明確に伝える練習として研究会と並んで「デエベート」が推奨され、⑰では有害な野次に対する解決法として「討論」が提案されている。課題は異なっても、それらの課題の解決策としてディベートが語られている点に注目したい。社会的に雄弁活動への警戒感とそれに起因する圧迫とが強まる中、弁論自体が抱えている課題を解決する方法としてディベートが期待されているということである。

もっとも、弁論に対する二つの理解のうち、技法を重視することとディベートが結びつくことは理解できても、話す内容とディベートとの結びつきは余りないとも受け取れる。たとえば、ディベートでは持論ではなく割り振られた立場に沿った主張を述べなければならないという点で、自分の思想を「真面目に正直に秩序正しく」語ることとは矛盾しそうである。

そのため、⑥でデヴエーテイング・ソサイテーの語を持ち出した内ケ崎作三郎が、どのような論理でディベートと話す内容とを結びつけているのかを確認してみよう。

内ケ崎作三郎は、まずイギリスの「オツクスフオード大学」には「学生の中の有志が組織して居る討論会」があることを紹介し、その会では「何時も時事問題」を扱うという。さらに、賛成・反対の者が交互に「演説」し、招待した「先輩が演説」した後、学生が決を採ることが語られる。その説明の後で、次のように解説される。

イギリスでは中学の討論会でも皆さうでせう。空想の問題、理論の問題ではない。実際の問題を取扱はせる。そこで学生の中には極端な説を持つて居る者があるかも知れませんけれども、今度は反対の者もなか〳〵確《しつ》かりしたことを言ふものでありますから、自然に反省させられることもあつて、聴いて居る者でも討論に加はる者でも、**楯の両面を知る機会**を与へられる。ところが、日本の演説の遣り方といふものは、楯の一面しか分らないので、言ふだけで以て反駁は聴かない、反対の議論を知らないで、自分の主張ばかり通すといふやうな風《ふう》があるものですから、そこで物の見方が一方付《いっぽうづ》く、知識が一方に偏《へん》してしまつて居る。〔原文ではゴシック体部分がポイントを大きくして一行で表記されている」

イギリスではディベートの中で反駁を受けるために、自分の考えを反省する機会となり、それは発言者だけでなく、聴衆にも同様の反省する機会となっているので、「楯の両面を知る機会」となっている。それに対して、日本では反駁を聴く機会がないので、「楯の一面しか分らない」ことになり、「自分の主張ばかり通す」ことを考えることになる。このように、ディベートの効果を、単なる技法の向上に限定するのではなく、思考に与える影響にまで言及している。したがって、ここでは技法と内容という弁論の二つの捉え方の両方に有効な方法として、ディベートが捉えられている。

しかも、ディベートと「楯の両面を知る」という言葉とが結びついて語られている点にも注目したい。ただ、この点については、後に改めて詳しく検討していく。

以上のように、「弁論界刷新座談会」では、言論活動に対する社会的な圧力を感じる中で、演説自体にも問題があると

内ケ崎作三郎　一八七七（明治一〇）年〜一九四七（昭和二二）年。政治家、教育者。衆議院議員。オックスフォード大学に留学し、帰国後は早稲田大学教授として文明史、文化史を講じた。一九二四（大正一三）年に憲政会から衆議院選挙に出馬して当選、以後、浜口雄幸内閣の内務参与官、第一次近衛文麿内閣の文部政務次官などを歴任した後、一九四一（昭和一六）年には衆議院副議長となった。『雄弁』には草創期の一九一〇（明治四三）年以降、しばしば記事が掲載されている。

して、その論理性や思想の未熟さがあげられていた。そして、そのような課題を解決するためには反駁の機会を設けた場が必要であるとし、「デヴエーテイング・ソサイテー」「デエベート」「討論会」の必要が説かれている。いずれの呼称を用いても、ここで重視されているのは反駁であり、反駁の場をもつことによって「楯の両面を知る機会」を与えられることである。このように、ディベートの効果を、単なる技法の向上に限定するのではなく、思考に与える影響にまで言及している点が、これまでのディベートに関する論述に対して、この「弁論界刷新座談会」が大きく異なる点である。

「諸君に大いに討論の練習をすゝむ」「討論の方法早わかり」

一九三三（昭和八）年第二四巻第二号の「諸君に大いに討論の練習をすゝむ」、同年第六号の「討論《ディベイト》の方法早わかり」は、どちらも清沢洌という大学対抗討論会の指導者となった人物によって書かれたものであり、[8]「諸君に大いに討論の練習をすゝむ」は第一回大学対抗討論会の七ヶ月前、「討論の方法早わかり」は三ヶ月前に掲載されたものである。その意味で、大学対抗討論会の実施に当たって、この二編の記事は大きな影響を与えたものとみることができる。では、それぞれの内容を確認しよう。なお、ここで両者を共に扱っていく理由は、後に説明する。

まず、「諸君に大いに討論の練習をすゝむ」では、欧米の討論活動が紹介される。

外国の学校においては、ベース・ボールやフート・ボールのチームがあるやうに、必ずこの討論のチームがあります。ベース・ボールでも一番上手な人を選んで選手とするやうに、討論——debate《ディベート》といつてゐますが——でも学生の間から、選手を選んで三人を一組とします。

この選手が一つの問題を決めて、違つた立場から討論するのです。たとへば『満州問題に対して日本の立場は正し』といふ題をかゝげて、然りと否との両方に分れて論究します。双方から三人づつ出て、始めの人は総論をやり、それから次ぎの人は説明的に自己の主張を述べ、最後に対手を反駁しながら結論を述べるといふ風に致します。そしてこれに審判官が居りまして、議論の持つて行き方、説明の上手、下手で勝敗を決めるわけなのです。

ここでは「外国の学校」における討論活動が語られているが、その活動はスポーツと同列の活動であり、その討論は「debate」と呼ばれるという。そして、決められた討論題に対して肯定あるいは否定の立場に立ち、三人一組で総論・主張・結論という役割分担をしながら討論を行い、最後に審判によって勝敗が決められる。したがって、ここで紹介されている討論は、公開の場で行われる討論会（ディベート）という催しである。ここまでなら、欧米の討論会活動を紹介した谷川昇の「オックスフォード（英）対ハーバード（米）両大学対校大討論会を聴く」や、清沢洌が先に発表した「日米大学生雄弁対抗戦を見る」と大きな差異はない。

しかし、「諸君に大いに討論の練習をすゝむ」が他の記事と大きく異なるのは、討論会の目的、討論の力を身につける目的に言及した点である。清沢は次のように述べる。

あるひはあなた方の中には『政治家には成程討論はいゝけれども、私共政治家になる希望のないものには』といはれるかも知れない。けれども世の中の交渉事で討論でない何かゞありませうか。後でも説きますが、討論といふのは大きな声をしてテーブルを叩いて物云ひすることではありません。いな、対手の悪口を云つたり、憎々しい皮肉をいつたりすることは、厳格に討論では禁止されてゐます。自分の意見を述べて、対手を諒解させることが討論の目的なのです。

だとすればあなたは、借家をするのにも、物を買ふのにも、討論をやつてゐられるのではありませんか。そしてそれは教育がなくとも練習することにより、容易に上達することが出来るものなのです。［中略］討論は平時と雖も必要であるから、技術としても是非習つて置かねばならぬ。これは、政治家、外交官、弁護士、文筆の士には元より必要でありますが、商人と農《のう》人《にん》の平生の生活にも必要なのである。

ここで、清沢は「世の中の交渉事で討論でない」ものはないとし、「借家をするのにも、物を買ふのにも、討論をやつてゐ」るのであるから、討論する力は「政治家になる希望のないもの」にとっても必要な力だという。そして、「教育がなくとも練習することにより、容易に上達することが出来るもの」であるから、「政治家、外交官、弁護士、文筆の士には元より」「商人と農人の平生の生活にも必要」なものであるので、「技術としても是非習つて置かねばならぬ」とした。ここで「私共政治家になる希望のないものには」という表現を用いていることから、清沢は政治家を志す者以外の者をも読者として想定していることが分かる。さらに、「教育がなくとも練習することにより、容易に上達することが出来る」とあるので、高等教育、あるいは中等教育を受けていない読者を対象としてこの記事が書かれていることも分かる。これは、従来の討論会が政治家や検事・弁護士を志す人間がその技量を身につけ上達させるために行われていたことと大きく異なる性格付けである。この記事の最後にも「村の青年団に、また学校に、この討論会が起ることを祈るのであります」と述べており、従来のような学校だけでなく、村の青年団にまでこの討論会が普及することが念じられている（むしろ、あげられている順序としては「青年団」の方が主であるとも解釈される）。このように、従来の討論会が一握りの社会的エリートを対象に行われたのに対し、清沢は社会の大多数を占める社会的一般人を対象にしている。ここに、清沢洌の考える討論会が、日本でそれまで行われてきた討論会と大きく性格を異にする点がある。

　では、清沢は一般的な日本人を対象にディベートを移入して、どうしたいと考えていたのだろうか。

　これによつて討論精神――さういふ言葉はまだないと思ひますが、問題に打《ぶ》つ突《つ》かつて楯の両面を観る習慣を養成するのに、この上もない方法だと思ふからである。率直に申しあげれば、日本人の一番の欠点は、相手の立場を諒解《れうかい》《ママ》しないで、一人で決めてしまふことである。これは外国との交渉などにおいて特に然《しか》るものがあつて、日本の国際孤立はこゝから出てゐるのであります。われ等は自己の立場を主張すると同時に、対手の理屈と立場も諒解し、そして誰によつて唱へられても、正理にだけは服する心構へを養はねばならぬ。［中略］共産党の陰謀が想像以上に根深くあることを発見して、驚愕するわれ等は、これを絶滅する唯一の方法は、討論的精神を養つて、如何なる問題についても、無批判で受けいれることのないやうにする以外に道なしと信ずるのであります。

つまり、ディベートを移入することによって「討論精神」即ち「楯の両面を観る習慣を養成」し、「自己の立場を主張すると同時に、対手の理屈と立場も諒解し、そして誰によつて唱へられても、正理にだけは服する心構へを養」うためであり、「如何なる問題についても、無批判で受けいれることのないやうにする」ためであるとしている。

この「楯の両面を観る習慣を養成」するというディベート移入の目的は、四ヶ月後の「討論の方法早わかり」でも次のように繰り返されている。

かつても書いたやうに日本人の一つの欠点は、議論の両面を見ないで、一人決めな独断に陥ることである。これが危険思想や迷信の多い理由でもある。私は各方面で討論《ディベイト》が盛んに起ることを希望し、出来ることならこれに個人的援助をも惜まないつもりである。

したがって、「楯の両面を観る習慣を養成」すること、「議論の両面を」見て判断する力を一般的な日本人に養成することは、清沢にとってディベートを移入するための大きな理由であったことが分かる。

一方、「討論の方法早わかり」は、「諸君に大いに討論の練習をすゝむ」の四ヶ月後に掲載されたものであり、記事の最後に「註」として次のようにある所から、その掲載経緯が分る。

先頃、本誌に『討論的精神を勧む』と題する一文を掲載すると各方面からその方法の問合せがあつた。一々答へ得ない事情があるから、こゝにこの一文を書いて、回答に代へる次第である。

すなわち、「諸君に大いに討論の練習をすゝむ」の発表後に、討論会の「方法」についての問い合わせが各方面からあったので、その回答という意味で「討論の方法早わかり」が書かれたということである。したがって、「討論の方法早わかり」では、「諸君に大いに討論の練習をすゝむ」で説かれていた公開討論会（ディベート）の方法が具体的に説明されている。そのため、二編の記事を一続きのものとして内容を確認した。さらに、この「註」では「諸君に大いに討論の練習をすゝむ」のことを「討論的精神を勧む」と表記している。「諸君に大いに討論の練習をすゝむ」の要旨を、このように捉えていたことを語るものであり、先に検討したことを裏付けている。

では、「討論の方法早わかり」で説明されている公開討論会（ディベート）の方法を整理してみよう。

【構成】

①「弁士」は「学校などでは大概一方三人づつのチームで、合計六人で」行う。

②「他に二組の人員が必要」であり、「一人は司会者」「他は審判官である」。

③審判は何人でもよいが、「奇数の方がいゝ」。なぜなら、「投票によつて勝敗を決するからであ」る。

【当日の動き】

①「司会者はその日の議題と、これを討議する人の名前を紹介する」。

②弁士は「司会者の呼び出しにより」、「交互に出て」発言をする。

③発言には制限時間が決められている（一人目が三〇～四五分ずつ、二人目が一五～二〇分ずつ、三人目が一〇分ずつ）。

④各発言者にはそれぞれ役割がある（一人目は「自己の総論的主張を述べる」、二人目は「反駁」し、三人目は「対手の議論を駁しながら、結論を述べる」。

⑤両チームの発言終了後、「審判官は、議論、弁説、材料その他によつて各自の判断を用ひ勝敗を宣する」。

人員の構成及び当日の進行の仕方が要領よくまとめられており、ディベートを実際に行うことが可能になるように書かれている。清沢があくまでもディベートの普及を目指して執筆したことが分かる。しかも、チームの構成が五名になることと、最後に勝敗をつけないことを除けば、大学対抗討論会はこのルールにほぼ則って実施された。

さらに、記事の中では、討論会の冒頭で司会者が発言者の紹介をする例を「『××村青年会討論チームをご紹介申しあげます』といふ風な紹介の方法もある」としている点に注目すれば、大学ではなく、青年会で行われる討論会を想定していることが分かる。この点については、Vで考える、大学対抗討論会の記事は誰に向けて発表されたのかという問題に繋がっていく。

「大学対抗討論会」

ここまでたどってきたような前史をもって始まった大学対抗討論会であるが、大学対抗討論会の中でも、この企画の意義が語られている。特に大学対抗討論会の最初の四回、「①自殺」「②田園文明」「③寺院財産」「④死刑」では、従来の「討論会」への批判と、この大学対抗討論会の「討論会」としての意義が語られており、主催者である『雄弁』編輯部と指導者たちがこの討論会即ちディベート式討論会を行うこと、ディベート式討論法を日本に移入することの意味をどのように認識していたのかが示されている。そこで、その内容をたどってみよう。

討論方法の普及

第一回の「①自殺」の冒頭では、議長の賀川豊彦が最初に次のような発言をしている。

我が国の議会政治を見ましても、それが振はないといふ事は、一つは討論の方法に間違ひがあるからだらうと思ふのであります。言論を尊重しないで、腕で行かうといふ気勢が、議会の空気をつくつて居ります。斯うした空気のある間は、日本の憲政は決して軌道に乗らないのでありませう。これはどうしても正当なる討論を経て成長しなくちやならぬといふことを、私共絶えず考へて居ります。

ここでは、議会政治の不振は「討論の方法に間違ひがあるからだ」として、「これはどうしても正当なる討論を経て成長しなくちやならぬ」と述べている。ここで賀川は、大学対抗討論会を「正当なる討論」につながるものとして捉えている。そして、この大学対抗討論会を体験させることによって、日本における「討論の方法」の「間違ひ」を正し、議会政治の不振を改善したいという。

さらに、賀川は、討論後の講評の中でこの企画が目指すものを一層具体的に述べている。

今迄の日本の大学の弁論部は、御承知の通り思想的方面を全然無視するといふではないけれども、野次の入つて来る外に、思想的背景といふものを高調せずに、唯上手に話をすれば宜《よ》いといふことが多少あつたらうと思ふのでありますが、討論に於ては此点に就ては思想といふ方面が第一でありますから、よくお互に注意して、我国の将来の弁論といふものを思想的にする、思想が即ち言葉であるといふやうな形で導いて行きたいと思ふのであります。

ここで賀川は、従来の弁論は「思想的背景といふものを高調せずに、唯上手に話をすれば宜いといふことが多少あつた」とし、「討論に於ては此点に就ては思想といふ方面が第一でありますから」「我国の将来の弁論といふものを思想的にする、思想が即ち言葉であるといふやうな形で導いて行きたい」と向かうべき方向を示している。ここでは、「思想」即ち内容をもった弁論を目指す姿勢が示されている。

「②田園文明」で審判を務めた清沢洌が、最初の挨拶の中で「私は、議論そのものよりも、論旨をどういふ風に表現して行くか、態度がどうであるか。そしてその運び方、或は戦術の方法等に重きを置いて、比較的公平なる態度を以て御聴きしたいと思ひます」と述べ、「議論そのものよりも」論旨の表現の仕方を重視していく姿勢を見せている。内容を重視するという点で、「①自殺」の講評で示された思想を重視するという賀川の姿勢と一種共通するものがある。

さらに討論後の講評の中で、清沢洌は次のように述べる。

私は以前から日本にデベートがない、これがどれだけ日本の自由討議を妨げて居るか知れないといふことを考へて、予《かね》てから是非共デベートの発達を冀《こひねが》つて、再三さういふことを発表したこともありました。今晩日本に於て、恐らくは初めての――私の関する限り初めてのデベートを聴かして戴いて、心から歓喜を禁じ得ないのであります。

ここで清沢は「日本にデベートがない」ことが「日本の自由討議を妨げて居る」という現実認識を踏まえて、「デベートの発達」を願うという姿勢を見せている。

賀川豊彦が議会政治の不振を改善するためにこの討論会、即ちディベート式討論法の普及を目指したことと対応するが、賀川が議会政治に於ける発言に限定して討論の重要さを訴えていたのに対して、清沢は「自由討議」という言葉で、社会一般で行われる討論活動全体を想定している。

その後、「③寺院財産」の議長加藤咄堂の挨拶でも、次のようにこの討論会の意義が語られている。

現在我国に於ける討論の形式があまりに紊《みだ》れて居りますのは、帝国議会に於て天下に明かにせられて居るのであります。それを矯正する為に、諸君がここでやられる新しき討論形式こそ、将来の日本の討論形式を形造る根本であるといふ覚悟で、一つおやりを願ひたいと思ふのであります。

「①自殺」で賀川豊彦が述べていた挨拶とほぼ同じ内容である。討論の形式（賀川は「討論の方法」

としていた）が「紊れて」いることを帝国議会と結びつけて捉えており、それを正すのがこの大学対抗討論会であるとしている。しかし、賀川が学生たちにこの討論を体験させることで憲政を成長させようとしたのに対して、加藤はこの大学対抗討論会の形式、即ちディベートが「新しき討論形式」であり、「将来の日本の討論形式を形造る根本である」という、ディベートという討論形式を日本に移入しようという意識が強調されている。しかも、この大学対抗討論会の試みが、その先駆けになると位置づけている。

もっとも、加藤は大学対抗討論会のどの部分が「新しき討論形式」であるのかについては、明確な説明をしていない。ただ、討論後の講評の中で、「第一討議の折には分担は出来て居たかと思ひますが、連絡がよく取れて居らなかつたやうな憾《うらみ》があつた」と述べ、発言者同士の連携を重視した批評をしているので、この言葉で従来の討論会に対する差異を明確にしようとしたとも解釈できる。しかしながら、明確には語られていない。

第一回から第四回にかけて、それまで日本で行われてきた討論会への批判が述べられていたが、「我が国の議会政治を見ましても」「討論の方法に間違ひがある」「今迄の日本の大学の弁論部は」「唯上手に話をすれば宜いといふことが多少あつた」「日本にデベートがない、これがどれだけ日本の自由討議を妨げて居るか知れない」「現在我国に於ける討論の形式があまりに紊れて居りますのは、帝国議会に於て天下に明かにせられて居る」という表現が見られるだけで、具体的に何が問題であるのかが明確にされていない。もっとも、従来不十分であった討論会という言論活動を、この大学対抗討論会という試みによって改善したいという情熱が語られ、より具体的な論説は、他の記事に示すということになるのかもしれない。

その一方で、大学対抗討論会という実践を通して移入しようとしているディベート式討論会の実施方法や実施にあたっての心得については、Ⅲで確認したように、かなり細かく具体的な指摘がなされている。大学対抗討論会の記事は、実践例を伝えるものとして、理論的展開よりも、具体的な事例説明の方を優先したということになろう。

普及への熱意と反響

大学対抗討論会の第二回に当たる「②田園文明」の冒頭の記者挨拶の中で、「私共『雄弁』を編輯して、弁論熱を鼓吹する上から、も少し討論を盛んにしたい、出来得ればこれから暫くの間、毎月之《これ》を開催して発表してゆきたいと考へて居ります」と、この企画の遂行にかける意気込みが語られている。

また、「③寺院財産」の冒頭では、次のような情報が記者からもたらされる。

『雄弁』誌上で討論会の記事を発表しまして以来、私の学校では斯ういふ事をやつた、私の青年団ではこんな題で討論会をしたといふ報告が続々参りまして、非常に愉快に思つて居る次第でございます。その他、能く討論の形式等が分つて面白い。大変為になる。これから大いにやりたいといふやうな意見を申込む者が続々ありまして、非常に愉快に感じて居る次第であります。

ここでは、大学対抗討論会の過去二回の記事が大変に好評であること、模倣して同様の討論会を行ったという実践例が多々見られること、さらには「討論の形式等」が分かり易いという反応が多く見られたということが語られている。

野次への対策

このように、ディベート式討論法の普及を目指して実践された大学対抗討論会であるが、野次への具体的な対策という点も見られる。次にその点について、四回の流れを確認していこう。

第一回の「①自殺」では、開会に先立って「記者」から「雑誌『雄弁』が、可なり長い間懸案にしてゐ乍《なが》ら、未だ実行の機運に到達しないで居りました討論会を、愈々《いよいよ》やつて見たいといふことになり」「どうやら斯《か》うしたらといふやうな見当もつきましたので」実施に踏み切ることにしたと述べられている。

そして、「長い間懸案にしてゐ乍ら」実行する決断をためらわせた理由として、次の三点があげられている。

① 「毎月編輯に追はれてゐる吾吾にその能力があるか」
② 「現在多くの雄弁会に見るやうな喧騒裡《り》に行はれた討論会に、果して範とするやうな好成績を挙げ

得るであらうか」

③「討論者も慣れ聴衆も訓錬された上でなければ、誌上に発表し得るものを望むのは無理ではないか」

この三点の中で、①は編輯部内の人的・能力的な問題であり、③は誌上への発表時期の問題である。したがって、大学対抗討論会を実施するか否かに直接かかわる課題は②であったことになる。そこで、②をやや詳しくたどってみることにする。

まず、「現在多くの雄弁会」即ち各校・団体で行われている「討論会」という活動があり、その「討論会」は「喧騒裡に行はれ」ているという。それに対して、『雄弁』としては「範とするやうな」討論会を行おうとしたというのである。ここで、「現在多くの雄弁会」で行われている「討論会」の問題点として、お互いの主張が噛み合わないことではなく「喧騒裡に行はれ」ている点が挙げられていることに注目したい。それほどの「喧騒」とはどのような「喧騒」なのであろうか。

この「喧騒」の内容について、記者は明確な説明はしていない。しかし、先の言葉に続けて出場者に対して「こゝに選ばれた両大学の選手の方々に於きましては、多数の聴衆や野次団を前にしてゐないために、幾分張合がなく熱も上らないといふ様な寂しさもありませう」と呼びかけた言葉は、「喧騒」の内容を示唆したものである。大学対抗討論会は第九回まで聴衆を会場に入れずに実施されたが、その聴衆不在の状況を「多数の聴衆や野次団を前にしてゐない」と表現したことは、聴衆という発言の聞き手だけでなく、野次団も不在だという意味である。大学対抗討論会が聴衆を入れないということの理由については明確な説明がなされていないが、この「多数の聴衆や野次団を前にしてゐない」という表現からは、野次によって各発言が乱されることを避けようとしたという理由が考えられる。

この点については、討論終了後の挨拶の中で、再び記者の口から次のように語られている。

熱がどうかといふことについても幾分懸念いたしました。これが公開でしたら聴衆が居つて、或は喝采をする、或は野次を飛ばすといふ為めに自然両方の弁士にも熱が昂《あが》つて来るといふことになりますが、色々の点から考へてその方はとり止めた訳であります。

記事として誌面に公開する催しを非公開で行うという状況で実施した点について「熱がどうかということについても幾分懸念いたしました」という言葉は、冒頭の「幾分張合がなく熱も上らないといふ様な寂しさもありませう」という言葉と対応したものである。最後の挨拶ではその「熱」の内容を「聴衆が居つて、或は喝采をする、或は野次を飛ばす」ことと述べている。ここで、野次に触れられている。

この野次が弁論に与える悪影響については、後に改めて詳しく検討するが、大学対抗討論会がその開始に当たって野次への対策を意識していたということは確認しておきたい。

大学対抗討論会では「⑩スポーツ熱」から、「両方の学校から十人宛《づつ》傍聴者を、お出し願ふといふことに」した。その結果、発言に対して「拍手」や「笑声」が記載されるようになる。しかし、その結果として、「⑪国際結婚」では、論理のすり替えとパフォーマンス的な発言が登場することになったことは、Ⅲで確認した通りである。

野次によって歪められている弁舌を、本来の「正道」に戻して育成しようとしたために、非公開の場での討論会として実施したのであり、たとえわずかな傍聴者でもその出席を許したことで、歪みはもたらされてしまったということにもなる。

以上のように、大学対抗討論会の最初の四回の記事では、野次への対抗策という以外には、ディベート式討論会の移入を目指す理由が明確には語られていない。しかしながら、従来の討論会が不十分であったという感覚的な不満を共有化し、その解決策としての具体的な実践例としての位置づけを明確にするとともに、その実践方法を細かく具体的に示すことによって、この方式が全国に普及することを目指す姿勢は明確に示されていた。

「討論熱を盛んにする研究会」

一九三四(昭和九)年一月と二月の二号連載記事として、「討論熱を盛んにする研究会」という座談会記事が掲載された(二号連続で同名で掲載されたため、両者を区別する場合には「討論熱を盛んにする研究会　前半」、「討論熱を盛んにする研究会　後半」と表記する)。

これらの記事の掲載年月を大学対抗討論会の掲載年月と合わせて一覧にすると次の表4－2のよ

うになる。二回の「討論熱を盛んにする研究会」は、大学対抗討論会を四回実施した後に掲載されたものであり、しかも五人の出席者全員がそれまでに行われた大学対抗討論会に議長あるいは審判（同実践では、勝敗を決することはなく、しかも違法行為もなかったので、討論終了後に講評を加える役割を担っていた）、大学引率者を務めた人物である。出席者とそれまでに担った役割とを示すと、清沢洌（「②田園文明」の審判、「④死刑」の議長）、加藤咄堂（「③寺院財産」の議長）、高島米峰（「③寺院財産」の審判）、竹内道説（「③寺院財産」の駒沢大学側引率者）(9)、鶴見祐輔（「①自殺」の審判）、である。このような関わりと掲載の時期から、「討論熱を盛んにする研究会」は大学対抗討論会の実施に指導的な立場で関わったものが、その時点までの体験を踏まえて見解を述べ合っているものであり、大学対抗討論会の体験を基に読者に対してこの企画・実践の目的と意味を解説するという位置を占めている。

しかも、この二つの座談会記事を挟んで、前半（第一回から第四回まで）では、討論会冒頭で記者及び議長から討論会のルールについて詳しい説明が行われるが、座談会記事以降は冒頭におけるルールの説明がほとんどないままますぐに討論会に入っている。その意味で、「討論熱を盛んにする研究会」は、討論会の存在やルールを知らせていく時期の最後に位置づけられたものであり、この記事以降、大学対抗討論会は内容の充実・向上を目指すということができる。

表4-2 「討論熱を盛んにする研究会」と大学対抗討論会の掲載時期

①	1933年9月	自殺は果して是か非か
②	1933年10月	田園文明か都市文明か
③	1933年11月	寺院が財産を所有するの可否
④	1933年12月	死刑是か否か
	1934年1月	討論熱を盛んにする研究会　前半
	1934年2月	討論熱を盛んにする研究会　後半
⑤	1934年3月	政党政治を排撃す

討論会を行う目的

「討論熱を盛んにする研究会　前半」では、冒頭で「記者」が「雄弁の誌上に討論会を発表しましてから、地方の青年団などでも非常に喜んで、自分の所でもやらう、又やつて居つたと云ふやうな通信が近頃大分参ります。」と挨拶し、大学対抗討論会の連載開始後に青年団からの反響が大きいことが語られる。ここで他の大学や高等学校等の学校ではなく、青年団の反響が取り上げられる点については、後に検討するので、今はその指摘をするだけにとどめておく。むしろ、今はこの座談会が大学対抗討論会の連載開始後に行われたことを確認しておきたい。そして、「記者」はこの座談会の目的を「就きましては色々なことを質問されますので、それに答へる為にも、又指導といふやうな意味でも、いろ〳〵先生方に御話を願つて、それを発表したいと思つてをります」と述べ、この座談会が読者からの「質問」に答えるために、そして「指導」するために行われることを明示している。したがって、この座談会の中で記者から提供される話題は、読者から質問のあったものである可能性が高い。
その記者から「討論と演説との相違、即ち討論と演説とは斯んな違ひがある、討論の意義目的は此辺にあるのだと云ふやうなことから、御話頂き度い」と促され、加藤咄堂が「討論と演説との根本的の違ひは、独白と複白にある」と述べ、討論では演説が一人で話されるのに対して、討論では「相手があつて喋《しやべ》る」即ち相手からの反応があるという点をあげている。そして、演説では一人で話すために「自分で自分の欠点を見付けることが出来ない」のに対して、「討論の場合になつて初めて自分の云ひ廻しの悪かつた為に、誤解を来して居る場合があり、又自分の論理的構成の欠点も見付けられる」と続けている。討論では、相手からの反応がすぐにあるので、その反応によって自分の発言について反省することができるという。さらに、加藤は続けて次のように発言する。

弁論練習の上に於ては、討論と云ふものが一番必要なことぢやないか。第一に自己の思想を最も明確に言ひ現すことが訓錬せられる。それから他人に駁《ばく》されることに依つて、自分の欠陥を発見し、従つて自己の主張を固め且つ之を整頓して、論理的構成を的確にすることが出来る。さう云ふことが討論の一つの目的と思ひます。それから更に他を批判する批評的の眼光を養ふことが出来る。その他正確に言語を使用する方法とか、正確に思想を表現する方法、それ等のことも此討論に依つて初めて練習し得るものであつて、弁論練習の上に於て討論と云ふものは余程主要なる位置を占めるものである。

討論で身に就くものとして（即ち討論の目的として）、加藤が挙げているものを箇条書きにすると次のようになる。

①　自己の思想を最も明確に言い現すことが訓錬される。

②　他人に駁されることによって、自分の欠陥を発見し、自己の主張を固め且つ之を整頓して、論理的構成を的確にすることができる。

③　他を批判する批評的の眼光を養うことができる。

④　正確に言語を使用する方法が練習できる。

⑤　正確に思想を表現する方法を練習できる。

②は自分の思想や思考に関すること、③は批評眼に関すること、①④⑤は表現力に関することであり、特に①と⑤とは同じ内容であるから一つにまとめ、加藤は四点をあげたとみることができる。さらに、その四点によって示されている内容を、自分の考えを論理的に的確に構成する力（②）、批判的に情報を捉える力（③）、言語を用いて明確に考えを表現する力（①④⑤）の三事項にまとめることができる。そして、これらは「弁論練習」にとって、重要な意味をもつとしている。

ここでは、思考に関する効果があげられている点に着目したい。相手からの反駁を受けることによって、自分の思考を「固め」「整頓し」「論理的構成を的確にする」ことができるというのである。討論を単なる表現の場と捉えるだけではなく、内面的な思考力の育成に言及している。

加藤のこの発言に対して高島米峰が賛意を示した後、清沢洌が、次のように述べる。

人と議論して、総《あら》ゆる角度から批判されて、そこに始めて独りよがりでない思想が生れる。今一つは議会政治を完成させるには、討論を盛んにしなくては駄目だ。討論の組織だつたものが即ち議会政治ですからね。

この清沢の発言では、討論の目的が次のように二つ挙げられている。

① あらゆる角度から思想を検討して、独りよがりでない思想を作る。
② 討論の組織だったものとしての議会政治を完成させる。

①は加藤の示した②とほぼ同じ内容である。加藤が「他人に駁されることに依つて」というように相手からの反駁発言を受けて思考が進むことを指摘していたのに対して、清沢も「人と議論して、総ゆる角度から批判されて」というように、相手からの反駁を受けて思考が進むとしている。

これらの発言について、座談会の中で誰も反対や異議を唱えていないので、討論を単に話すことに限定して捉えるのではなく、このように思考への影響を重視して捉えることは、編輯部を含めて大学対抗討論会の運営・指導に関わったものの共通認識であったと見ることができる。

加藤の発言の中でもう一つ注目すべきは、「弁論練習の上に於て討論と云ふものは余程主要なる位置を占めるものである」という言葉である。ここで、加藤は討論を弁論練習の主要な一つ、あるいは重要な一部として捉えている。弁論において重要な三事項を練習できるのは討論であるから、大学対抗討論会を行うのだという説明が展開されていることになる。

この座談会冒頭では、加藤によって討論と演説との差異、討論で養われる力について具体的に語られ、それに高島・清沢の二者から賛意が示されている。しかも、先ほども確認したように、ここで述べられていることは編輯部を含めて大学対抗討論会の運営・指導に関わった者の共通認識であった。

つまり、大学対抗討論会を行う目的は、自分の考えを論理的に的確に構成する力、批判的に情報を捉える力、そして、言語を用いて明確に考えを表現する力の三事項を育成するためであったということである。

ディベートの理解の仕方

討論会を行う目的が語られた前半に対して、「討論熱を盛んにする研究会　後半」では冒頭に記者から「今度は討論会の仕方——つまり、どんな風な方法が一番よいか、どんな議題を選んだらよいか、人数は何人位が適当かといつたやうな、具体的な問題に就てお話し願ひ度い」と促されている。そして、「アメリカ辺りでは、大体どんな風にやつてゐますか」と記者から質問されたのに答える形で、清沢洌がアメリカの事例を説明することになる。そこでは、以下のような三種類の討論の形式が紹介されている。

① 一チームが三人ずつの六名で行うもの
② 一人ずつの計二名で行うもの
③ 一人ずつが主張を述べ合った後、聴衆からの質問に答えていくもの

大学対抗討論会は①の形式を一部改めたものである。そこで、ここでは①の形式がどのように説明されているかに限定して確認していくことにする。

まず、アメリカの事例を説明するように記者から促された清沢は、次のように語る。

アメリカ辺りでは、各大学なら大学で三人選んで、それに二十分許《ばか》りづつ与へて交《かは》る〴〵にやつて、審判官が審判をする、かういふ方法を採つてゐます。『雄弁』では五人づつでやつてゐますが、僕は今のアメリカ流に双方から三人づつの選手を出して、それに交互にやらせて採点してみたらどうかと思ふ。

ここではアメリカの事例が語られると共に、『雄弁』の行っている形式、即ち大学対抗討論会で五人ずつで行っている形式をアメリカと同じ三人ずつで行う形式に改めてはどうかと提案されている。

この清沢の説明に対して、高島米峰が「農村でやるとすれば」というように、農村で討論会を行

うことを想定した例を出す。ここで日本の大学生の例ではなく、農村の例を出すという点に、指導者たちが農民や勤労青少年にもこの討論会形式を普及させたいと考えている姿勢がうかがえる。

その発言の中で、審判について次のようなやり取りがある。

高島　〔前略〕指導者と云つたやうな意味で、その三人の上に誰か一人立つといふやうな方法もよくはないかね。

清沢　応援といふ意味でですか。

高島　つまり批判者だ。

清沢　批判者はあるんだ。それは全然別な人で、三人の選手はベースボールみたいに一つのチームを拵《こしら》へる。その三人の背後には団体がある訳で、その団体の代表者として三人出る。それから選ばれた人だ。さうしてそれが一つの題について交互に述べて、審判官が後で審判をするといふことになる。

高島　さうすると傍聴人があつて、選手があつて、批判者がある。斯ういふ形式で行くといふことだな。

ここで高島米峰は審判の必要性について質問し、清沢が説明している。その中で、高島はディベートの審判について十分には理解しておらず、呼び方も分からぬ存在として「誰か一人立つといふやうな方法」という言葉でその必要を尋ねている。そして、清沢が「審判官」という言葉で説明しているにも関わらず、高島は「批判者」という言葉を用いている。審判官と批判者とは意味が同一ではない。批判者という言葉を用いれば、双方の主張や反駁等を批判する役という意味になり、勝敗を決するという意味は失われてくる。

さらに、チームの人数についても次のようなやり取りがある。

記者　四人とか五人とかいふことはないですか。
清沢　滅多にないですね。ちやんと決まつたフオームがある。然《しか》し一人づつの場合もあるんですよ。例へばラツセルとニヤリングがやるといふやうな場合、その場合は、最初《はじめ》は三十分位時間を与へて、それから交互にやつて、二十分位づつ与へ、それから十分位与へる。この時間はその時の都合に依りますけれども、さういふ風な工合で一人で交互に反駁してや

高島米峰　一八七五（明治八）年～一九四九（昭和二四）年。明治－昭和時代の仏教運動家。井上円了の助手、金沢の『北国新聞』記者、東京の京華中学教師を経て、仏教清徒同志会（のちの新仏教徒同志会）を結成「新仏教」を発刊すると共に、禁酒禁煙・廃娼運動などに尽した。幸徳秋水、堺利彦らの平民社とも交わる一方、出版社をおこして仏教・哲学書を出版、講演や著述、評論にも活躍した。一九四三（昭和一八）年から東洋大学長を務めた。

『雄弁』には草創期から記事を掲載して係わりをもち、「討論熱を盛んにする研究会」の出席者であり、大学対抗討論会を含めて『雄弁』の討論会移入を巡る活動に深く関わった。

る。三人の場合はさうでなくて、最初の者が大体の趣意を述べて、それからその次の者が反駁をして、最後に結論的なものを述べる。さうしてその間三人ながら相談をし合つて、相手の虚を突くといふやうにやる。

記者　何回でも発言するのですか。

清沢　発言しない。三人が終つたらそのまゝです。

記者　相談するといふのは、第一回の人が立ち上つて、その次の人がやらうといふ時にですか。

清沢　さうです。相談するにはメモにでも書いて、この点、この点といふやうなことを注意するのですな。

記者　第一回に一遍喋《しやべ》つた者は、もう喋れないのですね。

清沢　第二、第三をして喋らせる。然し十分に最初の人は喋るのですから、それで趣意は言ひ尽せる訳だ。

記者が人数のことを持ち出したのは、先に清沢がアメリカの討論会では、一チームが三人で行われると話したので、一チーム五人で行う大学対抗討論会との比較をするためである。それに対して三人以外の構成で行うことは「滅多にない」と答えている。

また、発言の回数を問うているのも、大学対抗討論会では主張を述べた後は「自由討議」として、順不同で何度でも発言ができるからである。それに対して、清沢は一人一回しか発言できないと答えた後、メモによって後のものに発言の注意を与えると補足している。

ここでのやり取りは、記者と清沢の間で行われており、『雄弁』編輯部に対して清沢がアメリカで行われている討論会の方法について説明する形になっている。先に確認したように、この座談会は大学対抗討論会の開始後に行われているので、記者は既に実施している大学対抗討論会の方法を念頭に置いて、アメリカの討論会との差異を明らかにしようとしている。

ここでのやり取りから、大学対抗討論会の企画の段階では清沢が関わっていなかったことが推測される。清沢が初めて大学対抗討論会に関わったのは第二回の審判からであるが、討論を始めるにあたって議長の賀川豊彦から発言を促された清沢は、「私は『雄弁』の討論会は初めてなので、さうして恐らくこのデベートのやり方は、『雄弁』独特のものと思ひますするから、後で感想を述べます。」と話しており、清沢は第二回で初めて「『雄弁』の討論会」に触れたことになる。そして、『雄弁』編輯部もアメリカの討論会（ディベート）の方法を十分に理解した上で大学対抗討論会を始めたのではないことも、「討論熱を盛んにする研究会　後半」のこのやり取りから伝わってくる。四回の大学対抗討論会を行った後に、清沢からアメリカの討論会について詳しい情報を得ようとしているのである。

また、大学対抗討論会の第一回の冒頭で、議長の賀川豊彦が次のような発言をしていることは、清沢が説明しているアメリカの討論会を想定したものであることも分かる。

例へば第一の人が、彼処《あそこ》をあゝ言へば宜かつたと思へば、第二、第三の人に注意する、或は最後の人の時には、この部分を抜かしたらいかぬといふ御注意を、先に済ました方がして、五人なら五人の方は一つのオルガニック・ユニテイ即ち有機的な統一性を以つて、共に一方の弁論を持ちつゞけるやうにして戴きたいのであります。余程駈引きがありますが、その点はどうか紙片をお持ち下さつて、どんどんこれを言へといふ風に御注意を願つて、少しも差支《さしつかへ》ないと思ひます。

ここで賀川は、五人は「一つのオルガニック・ユニテイ即ち有機的な統一性を以つて」討論に取り組むべきものであるから、発言を補う必要があれば以降の発言者に「注意する」「どうか紙片をお持ち下さつて、どんどんこれを言へといふ風に御注意」を願うと述べている。しかし、自由討議では同じ人物が何度も発言できるので、わざわざメモを渡す必要はなく、自ら発言すればよい。実際の討論の中で、同じ人物が何度も発言をしており、賀川のここでの注意は意味をなしていない。賀川のこの注意は、清沢が説明しているようなアメリカの討論会で必要な技能である。

賀川豊彦自身が議長として「自由討議」の説明を行い、討論会の進行も行っているので、賀川はメモが必要となる理由を十分には理解していないままに、冒頭の注意を行っていることになる。ここからも、大学対抗討論会の企画段階では、アメリカの討論会について十分な理解が浸透していなかったことが推測される。

しかし、「討論熱を盛んにする研究会　後半」でアメリカのディベートの形式と大学対抗討論会との差異が明確にされた後も、大学対抗討論会はアメリカのディベートに合わせてルールを変更しようとはしていない。この点については、編輯部・指導者としての何らかの選択が働いたはずである。ここに、アメリカのディベートをそのまま移入するのではなく、当時の日本に適すると判断された方式に改めることによって日本に定着させようという意図が感じられる。

ここまで見てきたように、「前1日米」開催以降、従来の討論会とは異なる討論会活動に対して、時には「ディベート」に相当するカタカナ名称を用いながら、従来の日本にはなかった活動を移入する必要が説かれてきており、中には移入の目的に言及する場合もあった。「討論熱を盛んにする研究会」では、それらについて大学対抗討論会の実践を踏まえて具体的な言及が見られ、新たな討論会形式移入の目的と、その実施方法に共通理解を形成していこうという意図が見られる。同時に、単なるアメリカのディベート方式の移入ではなく、日本に適した方式を自覚的に模索するという姿勢も見受けられる。

6　演説と討論との違い

以上のようにディベートへの理解を深化させながら、大学対抗討論会は足掛け三年一三回にわた

舌戦火花を散す両軍の陣営

（最後の大学対抗討論会となった「⑬暑中休暇」の様子）

って行われた。では、その実践は、実際にどのような変化をもたらしたのだろうか。それぞれの考えを演説するかのように行われた従来の討論会観に対して、はたして新しい討論会像を示し得たのだろうか。この点を考えてみたい。そのためには、大学対抗討論会がどのように総括されたのかを確認する必要がある。

「新時代雄弁道場　第十講　討論には如何にして勝つか」

大学対抗討論会の総括については、その連載が突然途絶したこととも関係があるのか、編輯部からも、また指導者たちからも何も明確な総括がなされていない。それだけではなく、『雄弁』終刊号となった一九四一（昭和一六）年一〇月発行の第三二巻第一〇号では「雄弁三十二年史」と題して『雄弁』の歴史をまとめた年表を掲載しているが、その一九三三（昭和八）年から一九三五（昭和一〇）年の欄には大学対抗討論会の企画連載について何も触れられていない。同時期の記載としては、一九三四（昭和九）年四月以降に報知新聞社と共同開催した「全国青年雄弁選手権大会」の記事があるばかりである（同選手権大会は廃刊の年である一九四一年まで継続して年一回開催され、毎年特集記事となったことが記されている）。したがって、『雄弁』編輯部も、指導者たちも、大学対抗討論会の総括はもちろんのこと、この企画そのものに触れることもないという状況である。

そのような状況の中で、唯一の例外が、赤神崇弘が一九四〇（昭和一五）年に発表した「新時代雄弁道場　第十講　討論には如何にして勝つか」である。そこで、同記事の内容についてやや詳しく検討してみよう。なお、赤神崇弘は、「⑪国際結婚」で審判を務めた人物である。

赤神崇弘は、一九四〇（昭和一五）年の第三一巻第一号から一二回にわたって「新時代雄弁道場」という連載を行っている。各回の副題は次のとおりである。

第一講　雄弁になることは容易である
第二講　雄弁を如何にして発酵させるか
第三講　聴衆の心を如何にして掴（つか）むか
第四講　聴衆の心の動きはどうして読むか
第五講　雄弁に於ける音声の経済学
第六講　雄弁に於けるゼスチユアの問題

第七講　選挙演説の研究
第八講　テーブル・スピーチの研究
第九講　弥次対策の研究
第十講　討論には如何にして勝つか
第十一講　座談と座談会
第十二講　司会者の心得

この一二回の中にも、野次対策が掲げられ、その後に討論（討論会）に関する記事が続いていることは、本章で検討してきた大学対抗討論会が野次対策として話題となったこと、同じく野次対策として聴衆を入れずに当初実施されたこととの関係を感じさせるが、この一二回の構成の仕方については、文中に何も説明がない。

「新時代雄弁道場　第十講　討論には如何にして勝つか」では、まず外交交渉に弱いのが日本人の「国民性」だとして、その「重大なる原因は、討論に得手でないからである。」としている。

然らば一体何故に日本人は討論に得手でないのか？　そこにも亦《また》多くの原因が数へられるが、由来《ゆらい》、日本の教育のやり方は、今日までも未だ宗教的であつて哲学的でないからである。換言すれば、暗記的であつて懐疑的反問的ではなかつた。そこには反問が欠けてゐたし、論じようといふ心組《こゝろぐみ》もなかつた。〔中略〕教育、外交及び思想の大問題も、亦この『討論の問題』を解決することなしには、解決の黎明にすら浴し得ない、こと程左様に『討論』も日本の国運に密関してゐる大問題であることも、読者諸君に留意していたゞいて、次論に進みたいと思ふ。

その指摘を踏まえて、次の記述がある。

この様な企図の下に、特に本誌『雄弁』の支援の下に、日本でも一時討論の必要が高調せられ、屢々《しば〳〵》それが試みられたことがあつた。けれどもそれは大体において、種々の事情によつて期待した程の効果を挙ぐるに至らなかつた。

ここで、「この様な企図の下に、特に本誌『雄弁』の支援の下に、日本でも一時討論の必要が高調せられ、屢々それが試みられたことがあつた」としているのは、大学対抗討論会のことである。なぜなら、『雄弁』が「支援」して「屢々それが試みられた」ところの「討論会」というものは他にないからである。むしろ、このように名前も時期も明示せずに述べていることに、同企画が当時どのように評価されていたのかを推察することができる。

赤神は大学対抗討論会の実施を臭わせた後に、「それは大体において、種々の事情によつて期待した程の効果を挙ぐるに至らなかつた」という。では、どのように「期待した程の効果を挙ぐるに至らなかつた」のであろうか。赤神はその理由を次のように考察する。

それは何時《いつ》も『討論』にはならなかつた。たゞ各自が自己の主張を交互に繰返して、主張し合つたに過ぎないのであつて、而もその主張たるや、調べて暗記して来たことのみであり、それを相手方より少しでも多く述べることに焦心〔はやる思いのために心をいらだたせること〕して、相手方が何を主張してゐるかに、何等《なんら》耳を借《か》さないのである。恰《あたか》もそれは、お互に左側通行をやり、行違つてゐるに過ぎないから、白兵戦とはならず、幼稚なる水掛論《みずかけろん》に了らざるを得ない。

ここで赤神が指摘している、相手の主張を聞こうとしないという点は、大学対抗討論会の講評の中でもしばしば指摘されている点である。たとえば、赤神自身が審判を務めた「⑪国際結婚」では、審判として次のように講評している。

御互に自分の主張だけを言うて、他の主張を聴かない、成べく他の主張を封じ込めてしまはうといふ方《はう》に熱中されるやうな傾向が多々あつた。これは反対側の言ふ所をもう少しよく聴いて、それを能く理解して、反対側の虚を衝くといふことも亦一策ぢやないかと思ふのでありま す。

この講評では、相手の主張を聞いて理解することを強調している。この審判としての体験を踏まえて、先の総括がされたのだろう。

「それは大体において、種々の事情によつて期待した程の効果を挙ぐるに至らなかつた」という「種々の事情」というものが具体的に何を意味するのか、そのすべてを確認することはできないが、少なくとも大学対抗討論会自体が抱えていた課題としては、「たゞ各自が自己の主張を交互に繰返して、主張し合つたに過ぎない」ことであり、具体的には「調べて暗記して来たことのみ」を「相手方より少しでも多く述べることに焦心」するばかりで、「相手方が何を主張してゐるかに、何等耳を借さない」という状態であったために、「何時も『討論』にはならなかつた」ということになる。

この点は、他の回の講評の中でもしばしば触れられており、この傾向は大学対抗討論会実践の中で意識され、課題とされたことであり、それが原因となって、大学対抗討論会は討論会として十分な成熟を見ることができなかったということになる。自分の主張を述べるばかりで相手の発言を受けとめようとしないのでは、双方が演説し合っているにすぎない。従来の討論会と同じである。その点で、大学対抗討論会は、演説と討論との違いを十分に理解させ、演説会や従来の討論会とは異なるディベート式討論会を実践させるまでには至らなかったと総括されたことになる。

さらに、「新時代雄弁道場　第十講　討論には如何にして勝つか」の大きな特徴は、討論会の改善策として準備作業を具体的に示した点にある。

まず、討論会では「自己が主張せんとする内容と相手方の主張する内容との比較研究」を手早く行う必要があるとし、その手順を次のように説明している。

この場合敏速であり得る為には、予め自己の主張せんとする重要点をも箇条書として置くことである。そして双方の箇条書を比較し、相互に一致する箇条はそれを抹殺し、その一致を述べ、それを論外に取り除《の》けて、討論の簡潔化を計ることである。恰《あたか》もそれは、二次方程式を因数分解して、その同類項を消去すると同様である。

然る時には、そこに残される箇条書は、互に相反する主張であり、それによつて、彼を知ると同時に己れを知ることが出来、百戦して危からざるものとなるのである。

相手が主張するであろう点だけでなく自分たちが主張しようとする要点をも予め箇条書きしておき、討論会の場では双方の主張を照らし合わせることによって合致点と相違点とを明確にする。そして、相違点として残された箇所がその討論の中での論点であるから、その点に集中して討論を行っていくという手順を説明している。事前に要点をメモしたものを用意しておくことによって、討論を通して問題とすべき点を把握する方法である。その工程を「二次方程式を因数分解して、その同類項を消去すると同様」とした比喩は巧みである。

このような作業をするためには、相手の主張をよく聞き、理解していなければならない。事前に「調べて暗記して来たことのみ」を述べるというものとは全く異なる反駁や最終弁論が行えるはずである。大学対抗討論会で行われた論評の中で、相手側の主張を聞き取って反駁を組み立てる手順を具体的に示したものはなかった。唯一大学対抗討論会開始前の今井三郎の「討論の呼吸」が、「その要点のノオトをとり、同時に最も短い時間に於て、それに対して反対の論旨をまとめる」〔傍点は原文による〕と説明しているのみである。しかし、その場で相手の主張のすべてを書き取り、その上で反駁するポイントを絞っていくことは容易ではない。それに対して、事前に箇条書きを用意しておくという赤神の示した方法は、かなり現実的な技法である。このように、赤神崇弘の「新時代雄弁道場　第十講　討論には如何にして勝つか」は、討論会に向けた準備と当日の作業を具体的に示すことで、結果として相手の発言を聞き取らせようとしており、大学対抗討論会の反省を踏まえた指導として大きな価値をもつものである。

＊　＊　＊

本章では、『雄弁』に掲載された、ディベート式討論会に関する記事を時系列でたどりながら、この実践がどのくらいの期間、どのような意図をもって準備されたのかを確認するとともに、読者に対してこの討論会がどのようなものとして説明されたのかを考えた。

つまり、当初イギリス・アメリカで行われている討論会活動について伝える記事と、日本で行われている討論会の課題を指摘する記事とが混交して掲載されていたが、一九二六（大正一五）年に茅原華山の「日本に討論の行はれざるは何ぞ」で、初めて「デベート」という語が用いられ、日本の討論会の問題は「デベート」（討論）がないことだとされた。さらに、「デベート」の取り組み方がいくつかの記事でやや具体的に説明された後に、「前1日米」という「デベート」（討論会）が実際に行われることになった。ディベートを説明した記事では、日本の討論会の課題は野次の多さや反駁の不足とされ、「デベート」は発言に時間制限がある等の具体的な規則を通して紹介されていた。次に、実際にディベート式討論会を行い、その実践を重ねる中では、従来の日本にはなかった活動を移入する必要が説かれると共に、移入の目的に言及されるようになった。そこでは、思考力育成の場として討論会を捉えており、さらに大学対抗討論会の実践を踏まえて、単なるアメリカのディベート方式の移入ではなく、日本に適した方式を自覚的に模索する姿勢が見られた。

大学対抗討論会終了後は、なかなか総括というものが行われなかったが、一九四〇年になって赤神崇弘によって全体的な振り返りが行われた。その振り返りの中で、大学対抗討論会が相手の主張を聞き取るという点で大きな課題を抱えていたこと、即ち演説会的討論会からの脱却が行えなかったことが指摘された。そして、その総括を踏まえて、相手の発言を聞き取る改善策として討論会に向けた手順と当日の作業が具体的に示された。

（1）この他に一九三四（昭和九）年の第二五巻第八号に根岸由太郎の「米国学生の討論熱——国際的雄弁家としての日本人——」がある。しかし、同記事はチームの構成を五名とするなど、本書で扱うディベート式討論法と同一のものだという確証が得られないため、今回の検討対象には加えなかった。

(2) 久留島武彦(一八七四~一九六〇)は、口演童話家、教育者。「日本のアンデルセン」と呼ばれる。「近衛新兵」を博文館の雑誌『少年世界』に投稿して巌谷小波に認められ、以後小波に兄事した。口演童話を中心とする児童文化運動を全国にひろめ、口演童話の大成者となった。幼稚園を設立して幼児教育にも力を注いだ。

(3) 安倍季雄(一八八〇~一九六二)は、児童文学者、口演童話家。時事新報社に入社し、「少年」「少女」の編集主幹となる。後に、東京中央放送局コドモ・テキスト編集顧問となり、そのかたわら口演童話の開拓につとめ、大阪毎日新聞嘱託講師として全国各地に講演旅行する。久留島武彦と全国童話人協会を設立し、後に委員長となる。

(4) 久留島の「モダンガールに就て」という提案も、「去年の十一月であつたか、十月であつたか、文芸春秋がちよつと二三の意見を集めた」こと、「今年の一月の新潮で」再び取り上げられていることが紹介されているので、当時社会的に意見の分かれる話題であったことが分かる。

(5) 鶴見祐輔(一八八五~一九七三)は、政治家、著述家。「①自殺」の審判を務めている。しかも、後に検討する一九三四(昭和九)年の「討論熱を盛んにする研究会」の出席者であり、座談会の中で従来の討論会に代わる新しい討論会(ディベート)の移入を強く主張していた人物である。

(6) この姿勢について師岡淳也は、「昭和初期のディベート教育の位置づけ――『雄弁』誌上の大学討論会を中心として――」の中で、持論を離れた立場による発言という場を設けることで、社会からの言論圧迫を回避しようとしたと解釈している。しかし、そこまで踏み込んだ理解ができるかどうかは現在のところ留保したい。

(7) この出席者の中で、加藤咄堂は「③寺院財産」の議長、青木得三は「⑥ブロック経済」の議長、松原一彦は「⑩スポーツ熱」の審判及び「後1自力更生」の議長を務めている。また、加藤咄堂、久留島武彦、安倍季雄の三名は、一九二八(昭和三)年の「雄弁座談会」にも参加した人物である。

(8) 清沢冽は「②田園文明」の審判と「④死刑」「⑤政党政治」「⑫産児制限」の議長を務めている。しかも、鶴見祐輔と同じく一九三四年の「討論熱を盛んにする研究会」の出席者であり、その席上で従来の討論会に代わる新しい討論会(ディベート)の移入を強く主張していた人物である。

（9）仏教学者

V　ディベート層の拡大――青年団員への普及――

以上のように、日本へのディベート移入を目指して実施された大学対抗討論会であるが、では誰に普及することを目指していたのだろうか。ここでは、大学対抗討論会を中心とした一連のディベート移入を巡る記事が想定していた読者について確認していくことにより、『雄弁』が目指していたディベートの普及対象を考えていく。

1　青年団員を中心とする『話し方』研究座談会

「青年団員を中心とする『話し方』研究座談会◇高島、安倍両先生解答◇」

最後の大学対抗討論会が掲載された三ヶ月後の一九三五（昭和一〇）年の第二六巻第六号に、「青年団員を中心とする『話し方』研究座談会◇高島、安倍両先生解答◇」という座談会記事が掲載された。『雄弁』では、同年の第一号から、高島米峰・安倍季雄と「東京市」青年団員との座談会を六回に分けて掲載しており、第六号のこの記事はその六回目に当たる（第一号の題名は「青年団員を中心とする『話し方』研究座談会（高島米峰　安倍季雄先生指導）」）。連載第一回の記事の示すところによれば、座談会が行われた日時・場所は不明だが、出席者は、高島米峰・安倍季雄の他に、青年団員出席者として若林成昭（評議会議長）、横山襄（青年団主事）、藤井勳（東京市青年団係）、山田知男（団員）、鹽野正久（団員）、神谷謙三（団員）、間瀬義男（団員）、毛利一郎（団員）、佐野秀男（団員）、矢部馨（団員）、加藤治一（団員）の一一人である（第六号。記載順・肩書も同記事による）[1]。第一号から掲載されてきた、座談会として連続したものであるところから、第六号のこの記事が掲載されたのは、大学対抗討論会の最後の記事「⑬暑中休暇」が掲載された一九三五（昭和一〇）年第三号、大学対抗討論会と同じ形式による農村青年同士の討論会「後1自力更生」が掲載された同年第四号よりも後であるが、座談会そのものはむしろ両記事よりも前に実施されたものである。しかも、大学対抗討論会の実践を踏まえた討論会観というものは感じられるので、座談会が行われたのは、前年一九三四（昭和九）年の一一月ないしは一二月と推定される。

この記事は青年団員が高島米峰・安倍季雄に質問し、二人がそれに答えるという形式で行われているが、その最終回である第六回では「討論会」が取りあげられている。

まず、青年団側の藤井勳から「青年団あたりで弁論を練習する方法として、討論会なども仕方によつたら面白いものではなからうかと思ひます」という発言があり、弁論の練習として討論会を考えていることが語られる。それに対して高島が次のように述べる。

討論も弁舌を錬る手段としての討論、斯ういふことを前提として考へなければならぬ、本当に切実なる問題で真剣に戦はなければならぬといふ時の用意に、討論の形式作法といふやうなものを研究するのだといふことを前提として考へての討論でなくちやいかん訳だな。

ここで、高島はまず「弁舌を錬る手段として」という条件を付けて「討論」を認めている。大学対抗討論会の中で「弁論の練習として」ということが度々繰り返され、強調されるが、ここでも同様に「弁舌を錬る手段」つまり弁論の練習という条件がまず双方で確認されている。

さらに、高島はその練習とは「本当に切実なる問題で真剣に戦はなければならぬといふ時の用意に、討論の形式作法といふやうなものを研究するのだといふこと」だと付け加える。「討論の形式作法」を学ぶために討論を（藤井は「討論会」の実施を話題にしたのであるから、高島も同様に「討論会」を念頭に「討論」という語を用いていると解釈される）討論会を行うというように、討論会の実施目的を「討論の形式作法」習得に置いている。大学対抗討論会には、発言の制限時間を始めとする様々な規則があることが特徴であった。高島は、大学対抗討論会のそのような点を念頭に置いているのであろう。

このように、「討論の形式作法」を学ぶために討論会の実施を推奨した上で、次のように述べる。

だからさういふ場合には詰り練習なんだから八百長になる。結局自分は平生右と考へて居るけれどもこの場合は左の立場に立つてやるんだといふやうな事もありますね。それで初めて弁舌が錬れる訳だ。『成程理屈といふものはどちらにもつくな』『成程斯ういふ理屈も成立つものだな』といふやうなことを考へさせられて、正式の討論のときに敵に乗ぜられないといふだけの心構へになつて現れて来る。つまり討論は一つの問題を敵になり味方になりしてやり合つて見るといふことが非常に面白いと思ふ。『真剣でないことを言ふのは下らん、そんなことは出来ない』と言ふのも理屈だ。けれども今は弁論の練習をやるんだから、八百長になつても構はぬ。

ここで高島が話題にしているのは、「自分は平生右と考へて居るけれどもこの場合は左の立場に立つてやるんだといふやうな事」、つまり割り当てられた立場で発言をしていくことである。したがって、ここで話題となっている「討論会」とは、大学対抗討論会、つまりディベートであり、発言者が持論に基づいて発言するという従来の討論会ではない。

その「自分は平生右と考へて居るけれどもこの場合は左の立場に立つてやるんだといふやうな事」について、「『成程理屈といふものはどちらにもつくな』『成程斯ういふ理屈も成立つものだな』といふやうなことを考へさせられて、正式の討論のときに敵に乗ぜられないといふだけの心構へになつて現れて来る」という効果があるとして、割り当てられた立場で発言していくことの効用が語られている。つまり、持論とは異なる立場にもそれなりの理屈が成り立つこと、それなりの理由があることを学ぶことができるというのである。このような体験をしておくことで、「正式の討論のとき」でも相手の発言に「乗ぜられない」心構えができるという。この点を「討論は一つの問題を敵になり味方になりしてやり合つて見るといふことが非常に面白い」として、討論では割り当てられた立場で（「敵になり味方になり」というように一つの問題に対して両方の立場から考えて）発言していくことに大きな意味を与えている。そして、「真剣でないことを言ふ」つまり、持論ではなく割り当てられた立場で発言するということを否定する考え方もあるが、「弁論の練習をやるんだから」問題にする必要はないという。

ここでは「弁論の練習」ということを、持論ではなく割り当てられた立場で発言する根拠としている。しかも、「弁論の練習」なのだから仕方なく認めるということではなく、「正式の討論のとき」でも相手の発言に「乗ぜられない」心構えができるという、むしろ積極的な価値を見出している。

さらに、持論とは異なる立場にもそれなりの理屈が成り立つこと、それなりの理由があることを学ぶことができるという点は、これ以前に内ケ崎作三郎や清沢洌によって述べられていた「楯の両面を観る（知る）」ということに通じるものである。

つまり、この座談会では青年団員に向かって、ディベート式討論法の意義が語られている。大学生を登壇者として討論法を実施し、その内容について青年団員と語り合うということは、一見矛盾しているようにも受け取れる。そこで、大学対抗討論会を中心とした一連のディベート式討論法に関する記事は、どのような読者を想定していたのかということが問題になる。

2 『雄弁』の購読層としての青年団員

では、このような討論会の方法（ディベート式討論法）を『雄弁』はどのような人たちに普及しようとしたのだろうか。ここでは、その問題を検討するにあたり、雑誌『雄弁』の購読者を確認していこう。なぜなら、大学対抗討論会が誰に向けて実践され、その記事が誰に向けて掲載されていたのかを検討することによって、討論の力を養成することが求められていた人々の像を考えることが可能となるはずだからである。

ところで、大正期から昭和戦前期における社会各層の読書傾向をまとめたものとして永嶺重敏の『雑誌と読者の近代』がある。そこで、永嶺の論考を参考にしつつも、筆者がその原データに直接触れ得た場合には原データから直接まとめ、それ以外のデータも加えつつ、『雄弁』を愛読していた層を確認していく。ただ、各データを表にしたものについては、対応する記述のなるべく近くに置くよう配慮したが、一部照らし合わせが繁雑になっているかもしれない。お許し願いたい。

なお、雑誌名の表記については全て原文のままとした。そのために資料の間で若干の差異が生じている。

大学生

昭和戦前期の学生たちの読書傾向を把握する調査というものはいくつか行われているが、大学対抗討論会に直接出場した大学の学生に対する調査は、未だ不明である。しかしながら、他の調査の結果から、全国的な傾向を推測することはできる。たとえば、京都帝国大学では、毎年同校学友会学生課が学生生計調査を実施していたが、一九三二（昭和七）年の末に「学生生計調査週間を設けて」調査を行い、全在学生の「約六割」の学生のデータを集めて集計を行っている（文部省学生部による「京都帝国大学に於ける学生生計調査」の「まへがき」）。この年に、このような催しを行った背景には「京都学連事件」と呼ばれる言論弾圧事件の存在があるのだろうが、今はそのような背景についてい踏み込むことはせず、その調査の中で「愛読ノ雑誌」として挙げられた雑誌名の集計を検討していく。なお、この調査は、質問紙に記入して投函箱にて回収するという形式で行われた。また、質問紙に氏名の記入欄はないが、出身校・所属学部学科・生年月日・原籍・現住所の記入欄があるため、個人を特定することもできる質問紙になっていた。したがって、当時京都大学が置かれていた状況を勘案すれば、質問紙への記入に当たって、個人が特定される可能性があるという状況が記入内容に影響を与えたということは十分に考えられることであり、分析に当たってもその点への配慮が必要となる。同調査の集計は学部ごとに行われ、それを全体として集計するという方法で行われている。また、質問紙では雑誌名を記入するという形式であったが、公表された集計結果では、愛読する雑誌として誌名が挙げられた雑誌の中から全学部の集計で上位一九位までの雑誌を選び、

1932年							
京都帝大理学部		京都帝大経済学部		京都帝大農学部		京都帝大　全学計	
愛読雑誌		愛読雑誌		愛読雑誌		愛読雑誌	
改造	9	改造	76	改造	14	改造	389
中央公論	10	中央公論	60	中央公論	22	中央公論	359
経済往来	0	経済往来	37	経済往来	7	経済往来	91
文藝春秋	3	文藝春秋	2	文藝春秋	2	文藝春秋	54
キング	1	キング	1	キング	3	キング	24
科学	12	科学	0	科学	2	科学	21
エコノミスト	0	エコノミスト	15	エコノミスト	0	エコノミスト	20
思想	0	思想	1	思想	0	思想	17
婦人公論	0	婦人公論	3	婦人公論	1	婦人公論	17
週間朝日	1	週間朝日	1	週間朝日	0	週間朝日	13
科学知識	3	科学知識	0	科学知識	4	科学知識	13
新青年	2	新青年	1	新青年	2	新青年	12
無線と実験	1	無線と実験	0	無線と実験	0	無線と実験	10
科学画報	2	科学画報	1	科学画報	1	科学画報	9
哲学研究	0	哲学研究	0	哲学研究	0	哲学研究	9
理想	0	理想	1	理想	0	理想	7
国語と国文	0	国語と国文	0	国語と国文	0	国語と国文《ママ》	7
ドルメン	1	ドルメン	0	ドルメン	0	ドルメン	7
その他雑誌	17	その他雑誌	7	その他雑誌	16	その他雑誌	129
不詳	119	不詳	157	不詳	135	不詳	1609
	181		363		209		2817

表5-1　京都帝大生の愛読雑誌

調査年	1932年							
調査対象	京都帝大法学部		京都帝大医学部		京都帝大工学部		京都帝大文学部	
調査事項	愛読雑誌		愛読雑誌		愛読雑誌		愛読雑誌	
購読雑誌（人）	改造	205	改造	33	改造	22	改造	30
	中央公論	175	中央公論	30	中央公論	24	中央公論	38
	経済往来	45	経済往来	1	経済往来	1	経済往来	0
	文藝春秋	13	文藝春秋	13	文藝春秋	10	文藝春秋	11
	キング	8	キング	5	キング	4	キング	2
	科学	0	科学	5	科学	2	科学	0
	エコノミスト	5	エコノミスト	0	エコノミスト	0	エコノミスト	0
	思想	1	思想	0	思想	1	思想	14
	婦人公論	5	婦人公論	1	婦人公論	5	婦人公論	2
	週間《ママ》朝日	3	週間朝日	2	週間朝日	6	週間朝日	0
	科学知識	0	科学知識	0	科学知識	6	科学知識	0
	新青年	2	新青年	1	新青年	2	新青年	2
	無線と実験	0	無線と実験	1	無線と実験	8	無線と実験	0
	科学画報	0	科学画報	3	科学画報	2	科学画報	0
	哲学研究	1	哲学研究	0	哲学研究	0	哲学研究	8
	理想	0	理想	0	理想	0	理想	6
	国語と国文	0	国語と国文	0	国語と国文	0	国語と国文	7
	ドルメン	0	ドルメン	0	ドルメン	0	ドルメン	6
	その他雑誌	18	その他雑誌	15	その他雑誌	36	その他雑誌	20
	不詳	442	不詳	237	不詳	271	不詳	248
計		923		347		400		394

表5-2　各帝大生の購読雑誌

調査年	1932年		1933年	
調査対象	京都帝大学生		大阪帝大学生	
調査事項	購読雑誌		購読雑誌	
購読雑誌（人）	改造	389（13.8%）	改造	79（10.3%）
	中央公論	359（12.7%）	中央公論	44（5.7%）
	経済往来	91（3.2%）	文藝春秋	44（5.7%）
	文藝春秋	54（1.9%）	キング	25（3.2%）
	キング	24（0.8%）		
計	（917）②		（192）	

調査年	1935年		1935年	
調査対象	京都帝大新入生		東北帝大学生	
調査事項	購読雑誌		購読雑誌	
購読雑誌（人）	中央公論	187（12.05%）	中央公論	258（24.0%）
	改造	149（9.60%）	改造	170（15.8%）
	文藝春秋	65（4.19%）	文藝春秋	158（14.6%）
	科学画報	51（3.29%）	日本評論	33（3.1%）
	キング	40（2.57%）		
	経済往来	31（2.00%）		
計	（523）		（619）	

その学部ごとの集計結果を公表している。学部単位では必ずしも上位に入っていない雑誌も含まれているが、大学全体としては挙げられた数の多い順に上位一九誌ということになり、最低の数が七人であるため、たとえここに示されたもの以外の雑誌が挙げられていたとしても、その雑誌は大学全体で六人以下の雑誌ということになる。したがって、この調査では当時の京都大学の学生が愛読していた雑誌として挙げた一九誌が扱われたということであり、逆に、扱われていない雑誌は、愛読雑誌として誌名を挙げた学生が全学でも六人以下しかいないということになる。

この調査の結果は表5－1のとおりである。

この調査では「不詳」として処理されているものが各学部共に半数ほどいるために、全学生の傾向として考えるにはやや偏りがあるかもしれない。しかし、上位一九誌の中に『雄弁』が挙げられていないということは、同誌が京都帝国大学の学生たちには「愛読ノ雑誌」として認識されていないということを語っている。

この他、大学対抗討論会の記事が掲載されていた一九三三（昭和八）年から一九三五（昭和一〇）年にかけての大学生の資料としては、一九三七（昭和一二）年の河合栄治郎編『学生と生活』がある。その「附録の二」として収録されている「読書其他に現はれたる学生の思想傾向」では、表5－2のような雑誌名が挙げられている。

同書の編輯部がどのような資料に基づいてこれらの表をまとめたのかは示されていないが、京都帝大の数字は先に示した「京都帝国大学に於ける学生生計調査」の全学部集計の結果と同じもので

表5-3　大学生の平素閲読する雑誌

調査年	1938（昭和13）年		1938（昭和13）年		1938（昭和13）年	
調査対象	帝大の学生		官公立大学学生		私立大学生	
調査事項	「平素閲読せる雑誌」		「平素閲読せる雑誌」		「平素閲読せる雑誌」	
購読雑誌（人）	中央公論	2,378	中央公論	715	中央公論	183
	文藝春秋	1,886	文藝春秋	685	改造	159
	改造	1,779	改造	495	文藝春秋	144
	エコノミスト	269	エコノミスト	251	日本評論	51
	科学ペン	239	日本評論	197	キング	26
	キング	203	キング	129	革新	18
	科学	173	科学ペン	63	セルパン	11
	日本評論	169	医学雑誌	53	文芸	11
	思想	157	一橋論叢	50	新青年	11
	法学協会雑誌	151	思想	49	エコノミスト	11
	革新	143	セルパン	43	思想	10
	セルパン	142	革新	38	電気学会雑誌	10
	科学知識	129	朝日カメラ	36	知性	9
	文芸	125	国民経済雑誌	32	週報	9
	朝日カメラ	91	経済学雑誌	31	科学主義工業	9
	新潮	88	理想	23	浄土	8
	国家学会雑誌	59	東洋経済新報	23	経済マガヂン	8
	カレント、オブ、ザ、ウアールド	52	科学画報	20	オーム	8
	理想	50	新潮	19	新日報	7
	婦人公論	47	史学雑誌	18	新潮	6
	経済学論集	45	週間朝日	18	ダイヤモンド	6
	内燃機関	43	新青年	17	短歌研究	6
	週間朝日	32	婦人公論	17	文学	5

購読雑誌（人）	新青年	30	財政	17	電気の友	5
	科学主義工業	23	文芸	16	考古学	5
	週報	21	知性	16	東洋経済	5
	科学画報	20	科学	16	科学ペン	4
	農業科学雑誌	18	科学知識	16	理想	4
	日の出	17	サンデー毎日	15	現代	3
	診療と経験	16	カレント、オブ、ザ、ウアールド	14	婦人公論	3
	実地と医学と臨床	15	文学	13	国際知識	3
	法律時報	14	日の出	13	カレント、オブ、ザ、ウアールド	3
	実学雑誌	14	週報	13	経済知識	3
	工業化学会誌	14	世界知識	12	経済学雑誌	3
	農業と園芸	14	会計	12	国史学	3
	金属	13	ダイヤモンド	11	歴史公論	3
	主婦の友	12	臨床医学	10	史学雑誌	3
	砿業会誌	12	診断と治療	10	工業化学会誌	3
	世界知識	11	オール読物	9	鉄と銅	3
	診断と治療	11	文学界	9	ラヂオ科学	3
	俳句研究	10	話	9	若草	3
	文学界	9	講談倶楽部	9	其の他	121
	話	9	国際知識	9		
	モーター、シップ	9	診療と経験	9		
	婦人倶楽部	8	現代	7		
	航空雑誌	8	主婦の友	7		
	法律雑誌	8	軍医団談	7		
	植物と動物	8	史学研究	7		
	旗	8	其の他	440		
	カメラ	8				
	其の他	5392				
計		14,202		3,738		909

ある。したがって、他校の資料も同様の調査結果を利用したものと推測される。さらに、京都帝大の例では愛読雑誌として挙げられた中から上位五誌が示されているところから、他校の例もそれぞれ上位から順に示されていると考えられる。しかし、これらの調査のどこにも『雄弁』が挙げられていない。それはどういうことなのであろうか。

さらに、大学対抗討論会の連載終了後にはなるが、一九三八（昭和一三）年に文部省教学局が行った調査『学生生徒生活調査　下　昭和十三年十一月調査』では表5－3のような結果となっている。

ここでも「其の他」に含まれている可能性はあるものの、たとえ『雄弁』が「其の他」に含まれていたとしても、該当する人数はそれぞれわずかである。したがって、『雄弁』は「平素閲読せる雑誌」に挙げられていないと考えられる。

これらの資料によれば、大学対抗討論会の記事が掲載されたとき、『雄弁』は大学生にはほとんど読まれていなかったという結論になる。大学生がほとんど読まない雑誌に、大学生による討論会記事を掲載させたということは、どういうことなのであろうか。どういう読者を想定して、『雄弁』は大学対抗討論会の記事を掲載したのだろうか。どういう層の人々に向けて『雄弁』は大学対抗討論会の記事を掲載したのだろうか。

高校生・予科生

そこで、次に、高校生の読書傾向を確認したい。

たとえば、姫路高等学校の『校友会雑誌』第二号（一九三一年発行）に掲載された「第一回生計報告」によれば、「愛読雑誌」として選ばれたものは表5－4のとおりである。対象学年は明記はされていないが、「キング、十六名は一年生が大部分で、少年倶楽部の二人も一年生」という記述があるので、複数学年を対象とした調査であることが分かる。

この調査では、『雄弁』は「保守的ノモノ」に分類されており、しかも愛読雑誌に挙げたものは一名であった。この分類について、次のような補足がされている。


次は、雄弁、祖国の代表する保守的傾向、講談社流の修養主義、立身出世主義であるが一般的に反動の名を以て知られる御用団体的傾向である。


『雄弁』は、姫路高等学校においては「一般的に反動の名を以て知られる御用団体的傾向」の雑誌として認識されていた。また、愛読書としているものはほんのわずか（一名）であり、同校の学生たちにはほとんど読まれていないと言えるだろう。

では、他の高等学校ではどうだったのだろうか。

たとえば、東京の私立成城高等学校の例が河合栄治郎編『学生と読書』に掲載されており、表に

表5-4　姫路高等学校生の愛読雑誌

中間的ナモノ	改造	32
	中央公論	26
	新潮	13
	文藝春秋	9
	経済往来及其他ノ経済雑誌	7
	法律春秋他	4
	思想	2
	計	93

プロレタリア的ノモノ	戦旗	5
	プロレタリア科学	3
	プロレタリア映画	1
	計	9

趣味	アラヽギ	1
	国語ト国文学	1
	音楽世界	1
	航空時代	1
	実際園芸	1
	映画雑誌	7
	計	12

特殊ナモノ	考古学雑誌	1
	史林	1
	植物雑誌	1
	理学界	1
	計	4

感覚的ノモノ	新青年	6
	文学時代	5
	犯罪科学	3
	漫談	1
	計	15

保守的ノモノ	祖国	2
	雄弁	**1**
	現代	1
	日本魂	1
	希望	1
	計	6

運動	野球界	2
	アサヒ《ママ》スポーツ	1
	体育ト競技	1
	ラグビー	1
	計	5

科学	画報	11
	科学知識	9
	計	20

ソノ他	外国語雑誌	12
	婦人雑誌	7
	計	19

（項目名記載なし）	キング	16
	少年クラブ《ママ》	2
	計	18

まとめると表5－5のようになる。これによれば、「愛読雑誌」として、成城高校の学生が挙げている雑誌に文科理科ともに『雄弁』は含まれていない。

また、先に紹介した文部省教学局の『学生生徒生活調査　下　昭和十三年十一月調査』では、表5－6のような結果となっている。この調査では、官公私立高校で一八人が『雄弁』を挙げている。

表5-5　私立成城高等学校生の愛読雑誌

調査年	1938（昭和13）年		1938（昭和13）年	
調査対象	成城高校（文科）生		成城高校（理科）生	
調査事項	（愛読雑誌）		（愛読雑誌）	
購読雑誌（人）	文藝春秋	45	科学画報	24
	中央公論	44	アサヒカメラ	21
	改造	32	文芸春秋	13
	英語研究	18	改造	11
	アサヒカメラ	15	科学知識	10
	世界知識	14	中央公論	9
	日本評論	13	スタア	9
	文芸	10	ドイツ語	8
	カレント・オブ・ザ・ワールド	9	世界知識	5
	セルパン	8	セルパン	5
	新青年	7	キング	5
	朝日スポーツ	7	無線と実験	5
	新潮	5	科学ペン	5
	キング	5	レコード音楽	5
	音楽評論	5	スピード	5
	文学界	4	朝日グラフ	4
	科学画報	4	新青年	4
	映画の友	3	英語研究	3
	スター	3	子供の科学	3
	映画評論	3	海と空	3
	フィルハーモニー	3	ディスク	2
	理想	3	月刊ドイツ語	2
	ドイツ語	3	高数研究	2
	新女苑	2	科学	2
	学芸	2	思想	2
	週刊朝日	2	文芸	1
	朝日グラフ	2	新潮	1
	無線と実験	2	カレント・オブ・ザ・ワールド	1
	カメラグラフ	2	映画の友	1
	週報	2	月刊楽譜	1
	婦人公論	1		
	写真サロン	1		
	音楽世界	1		
	レコード音楽	1		
	月刊楽譜	1		
	思想	1		
	現代	1		
	科学ペン	1		
	国際写真新聞	1		
	ディスク	1		
計		（287）		（172）

表5-6　高校・予科生の平素の閲読雑誌

調査年	1938（昭和13）年		1938（昭和13）年		1938（昭和13）年	
調査対象	官公私立高校		帝大、官公立大予科		私立大予科	
調査事項	「平素閲読せる雑誌」		「平素閲読せる雑誌」		「平素閲読せる雑誌」	
購読雑誌（人）	中央公論	1530	文藝春秋	356	文芸春秋	169
	文藝春秋	1523	中央公論	328	中央公論	121
	改造	1226	改造	214	改造	108
	日本評論	308	日本評論	78	キング	46
	カレント、オブ、ザ、ウアールド	277	キング	61	日本評論	37
	キング	237	文芸	51	新潮	33
	科学画報	216	科学ペン	48	朝日カメラ	26
	セルパン	169	セルパン	43	新青年	20
	科学ペン	164	思想	38	スター	18
	科学知識	148	科学画報	28	セルパン	15
	思想	131	一橋論叢	23	野球界	13
	朝日カメラ	109	知性	22	知性	12
	知性	79	科学知識	18	海軍グラフ	12
	新潮	77	国際知識	14	航空知識	12
	文芸	67	理想	12	話	3
	映画の友	63	日の出	11	富士	3
	英語研究	57	英語研究	10	科学知識	3
	大亜細亜主義	54	週報	10	科学ペン	3
	文学界	52	朝日カメラ	10	モダン日本	3
	理想	45	空	9	むらさき	3
	独逸文化	44	科学	8	理想	3
	世界知識	37	革新	7	思想	3
	新青年	33	世界知識	7	大法輪	3
	科学	32	婦人公論	7	英語研究	3
	岩波文庫	31	新潮	6	史学雑誌	3
	婦人公論	27	新青年	6	若草	3
	無線と実験	25	フランス	5	レコード音楽	3
	学生生活	24	むらさき	5	其の他	119
	週報	24	岩波文庫	5		
	現代	23	新日本	3		
	新日本	22	カレント、オブ、ザ、ウアールド	3		
	レコード音楽	21	アトリエ	3		
	映画評論	21	映画評論	3		
	日の出	20	映画の友	3		
	クレツール	20	カメラ	3		
	日本評論	19	音楽世界	3		
	話	18	レコード音楽	3		
	雄弁	**18**	若草	3		
	高数研究	18	カルタ	3		
	革新	17	其の他	453		
	週間朝日	17				
	航空知識	17				
	キネマ旬報	16				
	カレント誌	16				
	スター	16				
	朝日グラフ	13				
	海軍グラフ	12				
	物理と化学	12				
	映画雑誌	12				
	航空時代	11				
	アサヒスポーツ	11				
	其の他	423				
計		7603		1923		800

しかし、七六〇三人中の一八人という少人数である。一方で、予科生からは全く挙げられていない。このような調査結果から、高校生・予科生にもほとんど読まれてはいなかったと考えられる。

専門学校生・高師生

では、専門学校生・高等師範学校生はどうだったのだろうか。

永嶺重敏は、大分高等商業学校、長崎高等商業学校、山口高等商業学校の生徒たちの愛読雑誌をまとめている。その資料を基に加筆補正[3]したものが表5-7である。

大分高等商業学校に関する森文三郎の調査では、購読借覧する雑誌として『雄弁』を挙げた例が見られるが、どの年度も一パーセント前後という少数である。さらに、購読雑誌に限定した一九三八（昭和一三）年の調査では、〇・五パーセント以下になっている。長崎高等商業学校でも、一九三四（昭和九）年、一九三六（昭和一一）年共に、『雄弁』を挙げた生徒は一人であった。一九三七（昭和一二）年については、上位五誌が挙げられているにすぎないが、最下位の『文藝春秋』が三〇人（三・五パーセント）であるので、六位以下に『雄弁』が挙げられていたとしても、挙げた生徒の数はごくわずかであったことが推測できる。山口高等商業学校では、一九三四（昭和九）年、一九三六（昭和一一）年共に『雄弁』は上位に入っていない。両年共にここに示された誌名は他の二校に比べて少ないが、四名、五名が挙げた誌名まで示されているので、たとえ『雄弁』を挙げた生徒がいたとしても、やはりごくわずかである。

1934年		1936年		1934年		1936年		1937年	
山口高商全校生				長崎高商全校生					
平素閲読せる雑誌				平素閲読せる雑誌				愛読雑誌	
659		725		675		759		無記入	
経済往来	88	キング	83	エコノミスト	165	エコノミスト	162	エコノミスト	162（19.4%）
キング	79	中央公論	58	経済往来	130	中央公論	125	中央公論	125（14.9%）
エコノミスト	54	日本評論	54	キング	97	日本評論	87	日本評論	87（10.4%）
中央公論	43	エコノミスト	49	改　造	76	キング	81	キング	81（9.7%）
改　造	36	改　造	32	中央公論	69	改　造	80	文藝春秋	30（3.5%）
文藝春秋	9	実業之日本	14	The Current of the World	23	文藝春秋	30		
経済智識	4	ダイヤモンド	7	国際知識	22	The Current of the World	22		
実業の日本	3	文藝春秋	7	実業之日本	18	国際知識	19		
富　士	3	経済智《ママ》識	6	カレント誌	17	実業之日本	16		
日の出	3	富　士	5	文藝春秋	11	英語研究	16		
新　潮	1			キネマ旬報	11	キネマ旬報	13		
経済雑誌	33			東洋経済新報	8	経済知識	12		
映画雑誌	9			日の出	8	セルパン	12		
語学雑誌	9			富　士	7	カレント誌	11		
娯楽雑誌	7			経済知識	6	日の出	9		
婦人雑誌	4			金融知識	6	新青年	7		
文芸雑誌	4			現　代	6	世界知識	5		
其　他	20			週《マ》間《マ》朝日	5	サンデー毎日	5		
				朝日スポーツ	5	スター	5		
				ダイヤモンド	4	ダイヤモンド	4		
				世界知識	4	東洋経済新報	4		
				セルパン	4	文　芸	4		
				短歌研究	4	映画評論	4		
				講談倶楽部	4	経済論叢	3		
				主婦之友	4	富　士	3		
				経　済	3	現　代	3		
				新青年	3	週刊朝日	3		
				科学画報	3	朝日スポーツ	3		
				サンデー毎日	3	講談倶楽部	3		
				映画評論	3	カメラ	3		
				銀行研究	2	カレント ヒストリー	3		
				経済論叢	2	映画之友	3		
				世界と我等	2	主婦之友	2		
				社会事情	2	国民経済雑誌	2		
				新　潮	2	外交時報	2		
				文　芸	2	法律時報	2		
				維　新	2	若　草	2		
				婦人公論	2	婦人倶楽部	2		
				婦人倶楽部	2	婦人公論	2		
				カメラ	2	ローマ字世界	2		
				少年倶楽部	2	テニスファン	2		
				朝　日	2	ローンテニス	2		
				野球界	2	タイム	2		
				話	2	天の川誌	2		
				若　草	2	科学画報	1		
				子供の科学	2	**雄　弁**	**1**		
				English Weekly	2	（以下略）			
				雄　弁	**1**				
				（以下略）					
	（409）		（315）		810		834		（485）

表5-7　実業専門学校生の購読雑誌

調査年	1935年		1936年		1937年		1938年	
調査対象	大分高商全校生							
調査事項	購読借覧雑誌						購読雑誌	
調査人数	435		444		436		438	
購読雑誌（人）	経済往来	176	キング	123	キング	126	キング	42
	キング	138	中央公論	85	中央公論	56	文藝春秋	35
	エコノミスト	54	日本評論	72	文藝春秋	43	改　造	27
	中央公論	36	改　造	50	国際知識及評論	38	中央公論	26
	経済知識	32	エコノミスト	45	改　造	35	エコノミスト	25
	週刊朝日	27	国際知識	38	エコノミスト	29	経済マガジン	15
	日ノ出	26	経済知識	26	日本評論	25	東洋経済新報	13
	改　造	24	文藝春秋	25	週　報	21	ダイヤモンド	8
	主婦之友	21	日ノ出	21	映画ノ友	19	国際知識及評論	8
	文藝春秋	19	サンデー毎日	15	世界と我等	17	日本評論	6
	講談倶楽部	14	週刊朝日	15	講談倶楽部	15	週　報	6
	経　済	13	映画ノ友	15	主婦之友	13	映画の友	5
	婦人公論	12	カレント・オブ・ザ・ワールド	14	マガジン	12	セルパン	5
	サンデー毎日	11	富　士	14	日ノ出	12	カレントオブザワールド	4
	カレント、オブ、ザ、ワールド	10	実業之日本	13	週刊朝日	11	週刊朝日	4
	現　代	10	主婦之友	12	財　政	10	経済知識	3
	東洋経済	9	世界と我等	12	経済知識	9	日の出	3
	婦人倶楽部	8	講談倶楽部	10	婦人倶楽部	9	財　政	2
	映画ノ友	8	英語研究	9	富　士	8	大　陸	2
	ダイアモンド	8	スター	8	カレント・オブ・ザ・ワールド	8	**雄　弁**	**2**
	朝日スポーツ	7	東洋経済新報	8	ダイアモンド	8	現　代	2
	実業之日本	7	セルパン	7	サンデー毎日	7	陸上日本	2
	キネマ旬報	7	金融知識	6	英語研究	6	実業の日本	2
	富　士	7	キネマ旬報	6	実業之日本	5	話	2
	金融知識	6	婦人公論	6	現　代	5	日本映画	2
	若　草	5	新　潮	5	若　草	4		
	新青年	5	世界知識	5	アサヒカメラ	4		
	会　計	5	**雄　弁**	**5**	婦人公論	4		
	商店界	4	現　代	5	**雄　弁**	**3**		
	映画評論	4	(以下略)		文　芸	3		
	雄　弁	**4**			映画雑誌	3		
	社会政策時報	4			野球界	3		
	文　芸	4			話	3		
	（以下略）				(以下略)			
計	（819）		（766）		（590）		（251）	

これらは、わずかに三校の例であり、地域的にもやや偏りがある。そこで、一九三八（昭和一三）年に文部省教学局が行った調査『学生生徒生活調査　上　昭和十三年十一月調査』による専門学校全体の調査結果を表5－8として示した。『文藝春秋』を第一位として、『雄弁』は第一五位である。しかし、『雄弁』を挙げた生徒は一四四名であり、『文藝春秋』を挙げた二、六三六名の五パーセントに過ぎない。

さらに、高等師範学校については、先の一九三八（昭和一三）年の『学生生徒生活調査　下　昭和十三年十一月調査』によれば、表5－9のような結果となっている。ここでは、上位五一誌の中に『雄弁』は入っていない。

これらのデータによれば、『雄弁』は専門学校生、高等師範学校生にほとんど読まれていなかったと結論づけざるを得ない。

もっとも、これらの調査では「愛読雑誌」「購読雑誌」「平素閲読せる雑誌」を本人が書き出す形式がとられている。したがって、実際の購読雑誌を挙げるというよりも、挙げても許される雑誌、非難されることはないと思われる雑誌を挙げるという傾向がないとはいえない。たとえば、河合栄治郎編『学生と生活』が伝える、「昭和九年東京市内六大図書館の調査」に基づく「図書館に於ける学生の愛読雑誌」としてあげられたものをまとめた表5－10と比較すると、ここまで検討してきた学校ごとの調査がやや実態を反映していない面があることがうかがえる。(4)

この調査では、『雄弁』は全体としても愛読雑誌の八位であり、特に一八歳以下では『キング』

表5-9　高等師範学校生の平素閲読する雑誌

調査年	1938年	
調査対象	高等師範学校	
調査事項	平素閲読せる雑誌	
購読雑誌（人）	文藝春秋	163
	中央公論	141
	改造	111
	キング	46
	日本評論	37
	思想	21
	文芸	21
	新潮	17
	英語青年	17
	言霊	13
	文学界	12
	科学ペン	12
	理想	11
	史学雑誌	11
	英語研究	11
	科学画報	9
	セルパン	7
	科学知識	7
	地理学評論	7
	週報	6
	短歌研究	6
	混沌	6
	国語と国文学	6
	物理と化学	6
	臨床の日本	6
	アサヒスポーツ	6
	現代	5
	革新	5
	婦人公論	5
	国際知識	5
	新日本	5
	地理	5
	地理学	5
	植物と動物	5
	教育	5
	朝日カメラ	5
	アトリエ	5
	カレント、オブ、ザ、ウアールド	4
	文学	4
	史潮	4
	日本文化	4
	科学	4
	学校教育	4
	教育と競技	4
	解釈と鑑賞	4
	俳句研究	4
	新女苑	4
	教育美術	3
	高数研究	3
	史学研究	3
	世界と我等	3
	其の他	94
計		917

表5-8　専門学校生の購読雑誌

調査年	1938年	
調査対象	全国の官公立専門学校・実業専門学校	
調査事項	平素閲読せる雑誌	
購読雑誌（人）	文藝春秋	2,636
	中央公論	2,211
	改造	1,720
	キング	1,692
	日本評論	881
	エコノミスト	537
	週報	414
	農業及園芸	296
	セルパン	280
	科学画報	224
	国際知識	203
	革新	169
	アサヒカメラ	149
	日の出	149
	雄弁	**144**
	水産週報	137
	英語研究	134
	カレント・オブ・ザ・ウアールド	133
	現代	129
	科学ペン	119
	実業の日本	117
	新青年	113
	農業教育	110
	婦人公論	104
	内燃機関	103
	（以下略）	
計		（14,894）

表5-10　図書館に於ける学生の愛読雑誌

調査年	1934年			
雑誌名	18歳以下	25歳以下	26歳以上	計
キング	95	184	10	289
中央公論	2	167	45	214
改造	6	132	25	163
文藝春秋	10	84	7	101
日の出	30	57	3	90
科学画報	10	68	1	79
経済往来	1	54	13	68
雄弁	**15**	**38**	**4**	**57**
新青年	7	41	1	49
現代	5	32	6	43
富士	19	20	2	41
講談倶楽部	13	19	1	33
科学知識	3	27	2	32

『日の出』『富士』に次いで四位に入っている。この調査で「学生」とされている階層が具体的にはどの校種の「学生」を指すのかが不明ではあるが、先の諸調査のように自己申告しているものと、実際に手に取って読んでいるものとの間にやや差異があることをこのデータは伝えている。

先に引用した姫路高等学校のように、「一般的に反動の名を以て知られる御用団体的傾向」の雑誌として認識されていたのでは、『雄弁』を愛読雑誌として申告することがためらわれたであろうし、そこに掲載されている記事が新しい討論会の形を訴えてもそれに従うという動きに繋がることは難しかったであろう。

以上のように、大学生にも高等学校・専門学校生にも愛読雑誌として申告されないのであれば、『雄弁』を購読していたのはどのような人たちだったのだろうか。

ここで注目したいのが、青年団員の存在である。そこで、青年団員の読書傾向についての調査データ、大日本連合青年団調査課「地方青年の読物調査」(一九二八年調査)、大河平聖雄「青年団報に現れた諸調査(完)」(一九三七年調査)を基にまとめてみると、表5-11のようになった。

一九二八(昭和三)年の東京府他八府県の調査[5]では、『雄弁』は「読んで居る」雑誌の第四位である。また、一九三七(昭和一二)年の静岡県島田町の調査では、『雄弁』を挙げた者は四名であるが、最上位の『キング』を挙げた人数の一三パーセントに当たっている。したがって、どちらの調査でも『雄弁』は「読んで居る」雑誌の上位に挙げられていると言うことができる。

また、一九二八(昭和三)年東京府他八府県の調査の方では、各誌を読む理由まで調査されているが、『雄弁』を読む理由は「世情及政治に詳し　二」「青年向と思ふ　二」「人格を作る為　二」「なんとなく好き　一」「弁論の修練　一」「理由なし　七」という内訳である。「弁論の修練」を挙げたのが一名というのはやや意外だが、「世情及政治」を理解したり、「人格を作る為」に『雄弁』を読むという者が多く、情報や人格修養が『雄弁』に期待されていたことが分かる。

さらに、青年団員に関する全国的な調査として、大日本連合青年団調査部による『全国青年団基本調査　昭和五年度』がある。この調査は、一九三〇(昭和五)年に同調査部が行った全国市町村

表5-11　青年団員の読む雑誌

調査年	1928年		1937年	
調査対象	東京府他８府県の幹部団員		静岡県島田町の男子青年団員	
調査事項	何雑誌を読んで居ますか		愛読雑誌	
調査人数	522		無記入	
購読雑誌（人）	キング	89	キング	30
	農業世界	23	講談倶楽部	22
	青年	19	文藝春秋	15
	雄弁	**15**	中央公論	8
	愛国青年	10	日本評論	6
	希望	8	映画雑誌	5
	改造	8	セルパン	5
	武相の若草	7	改造	5
	向上	7	**雄弁**	**4**
	文藝春秋	6		
	千葉県青年	6		
	農会報	6		
	実業ノ日本	5		
	受験と学生	5		
	のぞみ	4		
	向上の青年	4		
	現代	4		
	中央公論	3		
	新青年	2		
	中学世界	2		
	英語研究	2		
	化学知識	2		
	人生創造	2		
	（以下略）			
計		（263）		100

単位青年団基本調査の結果をまとめたものである。この調査は団単位に行われたもので、市部一七七一団、郡部一一九一七団、合計一三六八八団からの回答に基づいている。同書の「緒言」によれば、この調査対象団体数は市部の五七・七％、郡部の八八・五％、全国では八二・八％にあたる。その調査の中に「団員の主として読んでいる雑誌」についての項目があり、表5－12のような結果になっている。ここでは、『雄弁』は『キング』に次いで第二位に挙げられている。たしかに、団体の数では『キング』を挙げている七八二二団体に対して三五八一団体とほぼ半数ではあるが、調査団体一三六八八団体のほぼ二六パーセントに当たる数である。全国の青年団のほぼ八〇パーセントの中の二六パーセントであるところから、全国の二〇パーセントが『雄弁』を購読雑誌に挙げたことになる。

この調査の特殊なところは、団を単位として調査したことにある。この場合、団として購読している場合もあろうし、団員が個人的に購読している場合もあるだろう。したがって、購読している人数ということになると、これよりもはるかに多くなるはずである。

これらの調査結果から、『雄弁』の購読層は青年団に代表される勤労青少年であったということができる。

『雄弁』の想定読者

このように、『雄弁』の読者層の主体が学生ではなく、勤労青年層であるということは、『雄弁』

表5-12　青年団員が読む雑誌（全国）

調査年	1930年	
調査対象	全国13,688団の青年団	
調査事項	団員の主として読んでいる雑誌	
調査団体数	13,688団	
購読雑誌（団）	キング	7,822
	雄弁	**3,581**
	青年	3,161
	希望	2,169
	農業世界	2,152
	富士	1,914
	中央公論	1,387
	改造	1,202
	団報	1,094
	大道	977
	朝日	947
	実業之日本	932
	講談倶楽部	908
	新青年	874
	向上	737
	家の光	673
	のぞみ	424
	文藝春秋	401
	使命	350
	県農会報	343
	訓練	339
	戦友	334
	（以下略）	
計		12,919

の編輯側にも認識されていた。

たとえば、『雄弁』は大学対抗討論会の連載の直前に「雄弁帝国誌上青年議会」という企画を連載していた。これは、誌上で展開する擬国会ともいうべき企画であったが、その参加者を募集した一九二七（昭和二）年第一八巻第二号の記事には次のような記述があり、読者について編輯部がどのように認識していたのかが分かる。

国家の中堅となるべき青年諸君、これらの中には、農事に携《たづさは》つて居るものも居る、労働に従事して居るものも居る、或は銀行に、或は官衙《くわんが》に、勤めて居るものも居る、其他、教鞭をとつて居るものや、警察官として人民保護の任に当つて居るものや、種々雑多である。だが、若きものゝ有する魂は、共通である。現代青年の思想の動きは、主流となつて、必ず鮮明に、此の議会に現はれる潮先《しほさき》が、もう見えて居る。〔記事では冒頭の「国家」がポイントを上げて大きく表示されている〕

ここで読者として想定されている「国家の中堅となるべき青年諸君」とは、農民、労働者、銀行員、官吏、教師、警察官である。いずれも職業人であって、中学生、高校生、大学生ではない。最後に触れられている「種々雑多」の中に、それらの生徒学生がまとめて含まれるのかもしれないが、少なくとも生徒学生は、「国家の中堅となるべき青年諸君」の代表的な位置に想定されてはいない。

以上のことは、井上義和の「第2次弁論ブームの展開と雄弁青年の析出――1900-1930年を中心として――」が「市部と郡部の別なく娯楽系では『キング』修養系では『雄弁』がそれぞれ愛読されていた」「『雄弁』が青年団員の愛読雑誌というだけでなく読者層のかなりの部分を青年団員に依存していた」と述べていることとも符合する。

しかし、『雄弁』という雑誌が、むしろ進んで勤労青少年を読者として求めていったという面もある。それは、一九一五（大正四）年の第六巻第九号に掲載された坂本正雄という人物による「野間主幹に呈して吾等青年の心事を訴ふ」という投稿記事の存在である。この人物は、大阪に住み、『雄弁』創刊号から愛読している青年読者である。その一人の愛読者が、野間清治に向けて心情を訴えたのが、この記事である。では、何を訴えたのであろうか。

坂本正雄は、「学生として、楽しき『学生時代』の過程を経る」ことのない青年、「学生以外の青年」である。つまり、大学に（おそらくは高等学校にも）通うことなく、青年期を送る若者である。坂本は言う、「『青年』の各人に付随せる共通なる光栄ある特権としての努力、――然り弁舌を錬磨する は実に青年共通の光栄ある特権である。――この努力を為す其の舞台、其の天地を与へられず、恒に学生以外の者は、普通一般の意味に於ける青年としての待遇を閑却されつゝある」［傍点は原文のまま］、弁舌を錬磨するという努力を行う場、機会が与えられることは青年としての特権であるはずなのに、学生以外の青年にはそのような場も機会も与えられていない。そのため、学生以外の若者は、青年としての扱いをされていないと訴えている。つまり、弁論活動が学生に独占されている、学校文化に限定されているという現実を指摘し、学校に属していない者にも、弁論練習の機会は与えられるべきであると述べた上で、次のような具体的な訴えを行っている。

足下が雄弁大会を催すが如き場合に於ても、単に学生演説会としなくて、普《あま》ねく各方面の青年を糾合し、時には全国各団体青年連合大雄弁会と云ふが如きを開催せられむ事を切望します。

今後雄弁大会を開催することがあったら、学生以外の青年も参加できるようにしてほしいという。つまり、弁論青年というのは学生以外にもいるのであるから、それら高校や大学に通っていない青年たちにも参加できる雄弁大会を、『雄弁』が企画し開催してほしいというのである。

この記事に対する編輯部からの返答は誌上には見当たらない。しかし、この記事を掲載したという点に、『雄弁』編輯部および社長の野間清治が、学生以外の青年たちにも弁論活動の機会を与えるべきだという坂本の主張を是認する姿勢を示したものと受け取れる。したがって、『雄弁』にとって、雄弁とは学生に限定した活動ではないという認識がこの坂本正雄の投稿によって与えられたものと捉えたい。学生以外の青年とは、多くが青年団に属する青年であったと考えられるから、ここに『雄弁』は弁論活動の構成員を、あるいは愛読者を、学生以外の青年層、青年団に所属してる青年たちとして考える、学生以外の青年たちに弁論の文化を広めていこうという視野をもつことになったのではないか。

この姿勢が、後に学生たちが左傾化して『雄弁』を離れていったときに、結果として学生以外の青年たち、勤労青年、青年団に所属している青年たちが愛読者として残ったと考えられ、それが先の調査に現れたものと考えられる。

つまり、大学対抗討論会が連載されていた当時、『雄弁』の読者の主体は職業に就いている青年層であり、青年団に加盟している層でもあった。そのような読者に向けて大学対抗討論会の記事は掲載されたことになる。先に検討したように、大学対抗討論会の記事が新しい討論会の形式を普及することを目指していたのであるなら、その普及対象は学生だけではなく、勤労青少年を主としていたということになる。

最後の大学対抗討論会の記事の翌月、青年団員による討論会が掲載された。『雄弁』の討論会普及の対象が勤労青少年であるのなら、この一回だけ行われた青年団員による討論会は、大きな意味を持っていたはずである。足掛け三年、大学生によって行われてきた討論会（ディベート）を、いよいよ青年団員によって行う討論会とすることで、普及を現実のものとする一歩となるはずだからである。

そこで、次に一九三五年に掲載された青年団員による討論会記事を検討することによって、『雄弁』の普及意図がどのように現実化していったのかを確認していこう。

3　青年団員による討論会

青年団員による討論会は、一九三五（昭和一〇）年の第二六巻第四号に掲載されている（後1自力更生）。「埼玉県の青年団幹部殊に雄弁連盟の中枢をなして居る方々」（冒頭の「記者」の挨拶）が両チームの発言者となり、「現下農村の実情に即し自力更生可能なりや否や」を討論題として行われた。議長の松原一彦は「日本青年団の主事」であり「これまで斯ういふ会合には屡々《しばしば》御出席下さつて、審査員、或は議長といふやうなことで、御苦労を願つて居ります」という人物として、「記者」から紹介されている。松原は「⑩現下スポーツ」で審判を務めたが議長を務めた回はないので、松原が「審査員、或は議長」を務めているというところから、『雄弁』に掲載されてはいないが恐らくは青年団による催しが「屡々」行われてきたことが推測される。審判は高島一郎で、「帝国農会に幹事といふお役目」を果たしている人物である。どちらも農村の抱えている問題については専門的な知見を有していることが推察される。

討論会は、「第一討議」として否定肯定一人ずつが主張を述べ、一〇分間の休憩の後に「第二討議」に移っている。「第二討議」では、否定肯定六人ずつが次々に反駁を述べ、休憩の後に「第三討議」として否定肯定一人ずつが自分たちの主張を総括している。各発言時間は特に示されてはいないが、発言を記録した文字数から、これも大学対抗討論会とほぼ同じ時間制限が設定されていたことが感じられる。「第三討議」終了後に採決はせず、審判の高島と議長の松原からそれぞれ講評が述べられて終了しているが、これらはいずれも大学対抗討論会の形式を踏襲したものである。

討論後の講評では、審判の高島が各発言に対して丁寧な講評を行っているが、その中でたとえば第二討議に対して次のように述べている。

> 第二討議に入りまして先づ養蚕の問題が大分出たやうでありますが、養蚕問題に関しましては、私共は両者共に多少極端に趨《はし》り過ぎてはゐなかつたかといふ風に考へました。例へば一方には経営改善の余地がある、或は養蚕を他のものに代へる余地があるといふことを頻《しき》りに強調されますと、一方は労力の関係その他からそれは不可能であるといふやうなことが戦はされたやうでありましたが、これは全般的に申しまするに、養蚕の経営の改善の余地は相当あり得る

討論中の光景、立てるは自力更生の弁護に大童の斎藤君。

と思ひます。それから又養蚕と他の農業と組合はせるといふことも或る程度は可能だと思ひまするし、又養蚕を他のものに変へるといふことも、或る程度は可能だと思ひます。併しその具体案がなか〳〵むつかしい。ですからその具体案といふことが実に困難であるといふ点を否定論者は今少し突込んで行かれたら一層論旨が徹底したと思ひます。

第二討議では両者の主張が現実から遊離して「極端に趨り過ぎ」ていたという点を注意している。反駁に熱中するあまりに言葉が過ぎた結果だとも受け取れるが、その一方で、問題についての事前の掘り下げが不足していたとも解釈できる。少なくとも、現実を踏まえた効果的な反駁が行われなかったということである。否定論者の反駁の不十分さが指摘されているが、双方ともに反駁が十分に行えなかったということであろう。この点、大学対抗討論会と同じように、十分な反駁を行うことができていないという指摘である。

さらに、問題を両面から捉えるという点について、議長の松原一彦が次のように述べている。

どちらが勝つたでもなく負けたでもない。農村の将来を明るくせねばならぬといふ大きな目的の上から、右からも考へ左からも考へて行つたその研究であるといふ風に私は拝聴したのであります。たゞもう少し物の観方を大局から観ることと、それから特例に依つて全体を律しないやうにする考へ方をば併せてお願したいと思ひます。

ここでは、論題の自力更生の可能性について「右からも考へ左からも考へて行」く、つまり問題を両面から考えていく、大学対抗討論会で求められていた「楯の両面を観る」ということが同様に求められている。その上で、問題を大局的に捉えることが求められているのである。

大学対抗討論会一三回の実践の後に、同じ形式に則って、青年団員が自分たちの生活に直結する問題について討論会を行ったという点について評価したい。さらに、清沢洌や高島米峰たちが大学対抗討論会に求めた、物事を両面から見る思考というものが、ここでも強く求められているという点に、ディベート式討論法という形式だけでなく、その精神的な効果への期待までもが受け継がれているということも併せて評価したい。

以上要約すると、大学対抗討論会掲載当時、雑誌『雄弁』の主要な読者は青年団を中心とした勤労青少年であった。したがって、大学対抗討論会の企画によってディベート式討論法の普及対象は青年団を中心とした勤労青少年であり、その意味で一三回の大学対抗討論会の後に青年団員による討論会が行われたことには大きな意味があった。そこでは、ディベート式討論法という形式だけでなく、物事を両面から見る思考という精神的な効果も期待されていた。

（1）指導者として出席した高島米峰は「③寺院財産」の審判で「討論熱を盛んにする研究会」の出席者であり、安倍季雄は「弁論界刷新座談会」の出席者である。両名共に大学対抗討論会を含めて『雄弁』の討論会移入を巡る活動に深く関わってきた人物である。参加者名の最後の人物は、第一号では「加藤知・一」と表記されている。

（2）合計については、5－1のように資料に明示されているときにはそのまま示すが、5－2のように資料に示されていない場合には熊谷が数字を合計して（ ）に入れて示した。

（3）永嶺重敏は、大分高等商業学校『研究資料彙報』（一九三五年、一九三六年、一九三八年、一九三九年）、長崎高等商業学校研究館『生徒生計調査報告（第二回）』（一九三五年）、山口高等商業学校東亜経済研究所『山口高商調査時報』（一九三四年）、山口高等商業学校東亜経済研究所『昭和十一年度　生徒生計調査書』（一九三六年）を基にまとめているが、いずれの資料でも四名または五名が挙げた誌名までしか表にしていない。しかし、表5－8では『雄弁』までを示した。さらに、永嶺の用いた資料の他に、河合栄治郎編『学生と生活』が示している長崎高等商業学校の一九三七（昭和一二）年の資料及び、長崎高等商業学校研究館『生徒生計調査報告（第三回）』（一九三七年）を加えた。

（4）同書によれば、この調査は「帝国、日比谷、駿河台、京橋、深川、大橋の六大図書館に於いて昭和九年一月二十四日に調査した」、日本図書館協会「図書館に於ける読書傾向調査」を転載したものだという。

（5）調査対象の地域と人数は、「東京府幹部講習会（三八名）大阪中堅青年講習会（八二名）群馬県青年団講習会

（五〇名）東京府南葛飾郡幹部講習会（二一七名）千葉県安房郡中堅青年講習会（六九名）神奈川県高座郡青年幹部講習会（三六名）栃木県下都賀郡青年団講習会（二四名）岐阜県稲葉郡青年（九九名）福島県相馬郡幹部講習会（四七名）の団員五二二名」とある。

Ⅵ　戦後ディベートの先蹤としての大学対抗討論会

Ⅳの最後に確認した赤神崇弘の「新時代雄弁道場　第十講　討論には如何にして勝つか」では、大学対抗討論会は討論会として十分な成熟を見ることができなかったと述べていた。しかし、大学対抗討論会の実施記事はわずかに一三回であり、掲載期間としても一九三三（昭和八）年九月から一九三五（昭和一〇）年三月という二年六ヶ月であった（前後の企画を含めても六年五ヶ月）という事実を考慮しなければならない。しかも、当時の政治的な情勢も含めて考えるなら、何を成し遂げたかを問うことは適切ではない。むしろ、何を為そうとしたかをこそ問うべきである。その意味で、大学対抗討論会についてはディベート移入の観点から、それ以前の討論会とは異なる、どのようなものを目指していたのかを検討していきたい。

『雄弁』主催による大学対抗討論会がディベート移入史に占める意味として次の三点が挙げられるだろう。

1　ディベート運動の組織論
2　ディベートの基礎理論
3　ディベート教育に示唆するもの

では、これら三点について詳しく検討していこう。

1　ディベート運動の組織論

大学対抗討論会以前の「討論会」という催しはいくつかの青年団で行われていたという事例はあるが、圧倒的に多かったのは、大学・高等学校等学校教育の場で実施されていた企画であった。しかも、法廷活動や議会での活動を想定して、その準備として行われていた。

それに対して大学対抗討論会は、清沢洌「諸君に大いに討論の練習をすゝむ」に最も明確に記されていたように、あらゆる階層の人々の、日常的な討論場面を想定し、そこで生きる力の育成を目指していた。その意味では、学校文化として行われていた「討論会」というものを、国民一般に解放しようとしたということができる。それは、学歴エリートの文化育成を目指した岩波書店に対して、公衆大衆の文化育成を目指した大日本雄弁会講談社という、社として目指した方向とも一致するものであった。また、雑誌『雄弁』の読者層の多くが勤労青少年であるという実態とも一致し、その普及は十分に期待できる環境であった。さらに、公衆大衆への普及を企図しながらも、大学生による討論会を企画するという姿勢は、大衆のエリートへの憧れを利用するものであり、経済的効果も狙った巧みな戦略ともいえる。そして、大学生による討論会が一三回という実践を積み重ねた後、いよいよ青年団員による討論会が企画され、実行されたのである。この青年団員による討論会が回を重ねていけば、大衆の中に討論会という文化が根付くことも期待できたであろう。

しかしながら、それは美濃部達吉の天皇機関説が問題となり、国体明徴が政府に強く求められる時期と重なった実践であった。政治的社会的な問題の是非を自由に論じることは次第に難しくなっていったのであろう。青年団員による討論会は一回限りの催しとして終った。

このように、不十分な実践で終ったとはいえ、一般大衆に討論する力を身につけさせるために討論会（ディベート）を普及させようとした姿勢は評価されてよい。

2　ディベートの基礎理論

（1）野次対策としてのディベート

『雄弁』に於ける討論会に関する記事をⅣで確認したが、それらの中で野次に関する言及がしばしば見受けられた。特に「雄弁座談会」（第一九巻第四号）では無責任な野次への対策として討論会が提案されていた。再度、そのやり取りを確認してみよう。

○安倍　［前略］学生の雄弁会は弥次を禁止して見たらどうですか。その反駁があるならば演壇に立たしめると云ふ責任を持たせたらどうであらうか。
○乾　演説会をやめて、寧ろ討論会をやつたらい丶。
○安倍　討論会と一緒にやつたらよからう。
○久留島　討論会と雄弁会と二つ併用するがい丶。雄弁会の時は、十五分乃至二十分、時間を極めて論旨を尽さしめ、それに対して内容と発表の様式、それに籠《こも》つた力と云ふやうなものを弁論部の指導委員が指導を与へる。それから一方の、咄嗟《とつさ》の間に自分の論旨を進めて行つたり、或は言葉の配列、もしくは思想の転化と云つたやうなことは、討論会で錬らせる。今、雄弁会の方では、討論会類似の形を取らせて居るのである。弥次は真の討論でないけれども、其弥次に非常に力を認めて居るが故に、その弥次を思想に依つて封ずるのでなくして、たゞ思想の配列の様式で封じようとして居る。故に勢ひ詭弁ならざるを得ない。

聴衆に無責任な野次という反駁を許すのなら、むしろ討論会という場で大いに反駁させてはどうかという提案があり、その反駁によって「咄嗟の間に自分の論旨を進めて行つたり、或は言葉の配列、もしくは思想の転化と云つたやうなこと」を討論会で練習させることができるとしている。ここでは討論会は野次対策として提案されていた。

この他にも、一九三〇（昭和五）年の前田多門「誤られたる雄弁」では「近頃学生や青年会の演説会がどうも不真面目になつたといふことを聞く」とし、それは国会が「泥試合的狂演」になっていることの影響だとしている。世人は「いつの間にかさういふのが討論の常だと考へ」「自然青年の間にも模倣されて、活気ある討論会といふのは、何か弥次を飛ばし合うて一騒ぎ起さねば物にならぬやうに考へ込まれて仕舞つたやうである」という。つまり、当時一般的に行われていた討論会の問題点として、まず、野次が挙げられている。さらに、discussionが普及していないために意地や感情が蟠った討論となり、参加者は不愉快になる。そのように不愉快になるのが嫌だから演説会が多くなる。演説会が多くなることから、反論を戦わせることができなくなる。反論を戦わせることができないから、野次が多くなる。野次が多いから、演説者は野次対策に熱中するばかりとなり、その結果として演説会が不真面目になるという論理が展開されていた。討論会が野次のために十分な形で行えないので演説会が多くなり、演説会が多くなるから野次が増えるという悪循環が起きているというのである。討論会・演説会不振の原因は野次の存在だということになる。

赤神崇弘の「新時代雄弁道場　第十講　討論には如何にして勝つか」を含む赤神崇弘の「新時代雄弁道場」では、「第九講」が「弥次対策の研究」と題されている。この「第九講」で野次対策が掲げられ、その後「第十講」に討論（討論会）に関する記事が続いていることは、大学対抗討論会と野次対策との関係を感じさせる。

『雄弁』では、大学対抗討論会実施のかなり以前から、野次に対する批判記事が掲載されていた。たとえば、一九一六（大正五）年の第七巻第九号に中学校の弁論大会における野次についての批判

記事「都下中学連合演説会に行つて再び虎の如き弥次を聴くの記」が「一記者」名で掲載されている。(1)

この記事は、同年六月二四日午後に慶応義塾普通部が主催した「都下中学連合演説会」の見学記であるが、演説よりも野次について伝える内容となっている。たとえば、次のような記述がある。

君の演説も何だか聞取れなかつた。弥次はいよ〳〵熱を加へて、怒鳴る、叫ぶ、足踏みをする、罵倒をする、湧返（わきかへ）る渦巻を起した。そして何者をも足をさらつて引繰返《ひきくりかへ》さねば止まぬ勢を示した。

ここで行われている野次は、単に言葉を発するのではなく、「怒鳴る、叫ぶ、足踏みをする」というものであり、そのため「演説も何だか聞取れなかつた」という。つまり、「足踏み」までする野次の為に演説が聞き取れないというのである。それに対して演説会の途中で監督の教師から注意があったが、結局は収まらなかったという。

そのときの野次に対して、「昨年の弥次には、痛烈人の骨を抉《えぐ》るやうな批評的弥次があつたが、今年の弥次中にはさう云ふ頭のある弥次が失《なくな》つた。」と前年よりも質が低下したとしている。

では、このような野次の中で行われた演説はどのようなものだったのだろうか。「此の猛烈な野卑な野次を向うへ回して、八分の成功を収めた」と評価された演説は次のような具合だったという。

紹介弁士が何とかして『……転《うた》た無情を感ず』とか云ふ長たらしい演題を読み上げると、『靴が好《い》いゾ』と来る。はツきり聞取れなかつたが、ナポレオン論らしかつた。君は覆ひかゝる野次を圧伏する為であつたらうが、あらん限りの声を張りあげ、両腕を高くぐツと伸して、動物園の熊が立ち上る時のやうな格好で、わめき叫んだ。そして演壇を離れて、前へ後へ右へ左へ自由に歩き回つた。

『諸君、彼は……』

と、後へ二三歩退ると、弥次が早速、

『何処へ行く』と怒鳴る。

眉をあげて叫ぶや、『何んだい、其顔は』ときめつける。

「八分の成功を収めた」という演説でもこの状態である。ここでの野次は演説の内容ではなく姿形や動作に対して行われている。肝心の演説については「はツきり聞取れなかつたが、ナポレオン論らしかつた」という状況である。およそのテーマは判断できるが、内容についてははっきり聞き取れないという。これでは内容よりも姿形や動作しか聴衆に伝わらないという状態である。この演説に関する記事は、次のように続いている。

北川君の演説は、熔炉の中に煮くり返るやうな熱弁であつた。舌で語るに非ず、脚で語るに非ず、君は渾身の力を奮つて体其者《たいそのもの》で語つたのであつた。宜いかな意気や。『うまいな』、『九十八点』と云ふ声が弥次から放たれた。

この演説は「舌で語るに非ず、手で語るに非ず、脚で語るに非ず、君は渾身の力を奮つて体其者で語つた」とあるので、言葉ではなく、やはり姿形や動作で聴衆を引き付けている。だからこそ、「『うまいな』、『九十八点』と云ふ声が弥次から放たれた」のであり、「此の猛烈な野卑な野次を向うへ回して、八分の成功を収めた」と評価されたのである。しかし、演説した内容については、はっきりとは聞き取れず、ナポレオン論らしいとしか理解されていない。つまり、話す内容よりも、姿形や動作で野次を制することが重要だという状況になっている。

しかも、これは都下中学連合演説会であり、登壇しているのは各中学校の代表者である。他校の生徒が演説するのに対して、このように野次の為に内容を聞き取れないという状況になっている。

たしかにこれは中学生の事例である。しかし、先に確認した前田多門の「誤られたる雄弁」の記述によれば、野次の多い状況は帝国議会を真似たということであるから、中学校に限ったことではないだろう。このように、野次の為に話すことが聞こえないという状態では、話す内容や論の展開は二の次になる。これでは、弁論の技術も、討論の技術も向上せず、話し合う文化は育たない。

だからこそ、大学対抗討論会では聴衆を入れずに開催されたのである。聴衆を入れないことによってそれぞれの話す言葉が聞き取れるような環境を作り、話す内容や論理展開に対して注意を向けさせようとしたと考えられる。それでも、わずかに討論者の関係者を聴衆として認めた「⑪国際結婚」では、論理的な受け答えよりも観客に訴えるパフォーマンス重視の発言をする結果を生んだことは、Ⅲで確認したとおりである。

以上のように、野次が弁論の向上を妨げているからこそ、「雄弁座談会」のように、「学生の雄弁会は弥次を禁止して」「反駁があるならば演壇に立たしめる」というところから、「討論会と雄弁会と二つ併用するがいゝ」という発言になったのである。したがって、あまりに激しい野次に対する対抗策として、討論会が企画されたという面が、特に早期の段階ではあったということは確認しておきたい。

前田多門の「誤られたる雄弁」の論理を用いるなら、ディベート式討論会によって十分な反論反駁を行えるようにし、反論反駁が十分だから野次が減り、発言者は発言内容を充実させることに心を用いることができて討論会が充実する。その結果、discussionということを意識した討論会を普及させることに繋がるということになる。

(2)「弁論練習」としてのディベート

大学対抗討論会の指導者たちは、「弁論練習」という言葉を繰り返し用いていた。たとえば、弁論練習なのだから「是否の両側の分類は予じめ籤引で願つた」（「④死刑」）、あるいは弁論練習なのだから「両大学を代表してこゝにその主義主張を戦はすといふのではなくて、題は借物であるといふことにお認めを願」いたい（「⑧戦争文化」）という。また、弁論練習なのだから「勝敗の如きも当分はその決定をお預りしておきたい」（「④死刑」）とも述べている。つまり、弁論練習という言葉によって大学対抗討論会における発言を性格づけ、発言者は持論ではなく割り振られた立場によって意見を述べることが求められるといい、さらに勝敗もつけないというのである。

弁論練習という枠組みをはめることによって発言者の社会的な責任を免除するという役割を果たすと共に、ディベートという活動では当然に求められる勝敗（記事の中で、ディベートはしばしばスポーツ競技に例えられるが、スポーツ競技なら当然勝敗を伴うはずである）をこの大学対抗討論会では決しないという特異な方式で討論会を行うことの理由としている。そこで、弁論練習という言葉が示している内容を少し考えてみよう。即ち、大学対抗討論会をディベートという形式で行うことによって、「弁論」として求められることの中の一体何を「練習」しようとしたのであろうか。それは、『雄弁』編輯部および指導者たちが、なぜディベートという形式を移入しようとしたのかについて検討することであり、同時に、日本にディベートという形式の活動を移入する目的について考える重要な材料を提供することになる。

では、ディベートという形式によって大学対抗討論会を行うという催しにより、「弁論」の何を「練習」しようとしたのか、どのような点を改善しようとしたのかを考えていこう。

まず、注目したいのが、一九二八（昭和三）年の「雄弁座談会」でのやり取りである。先に確認したように、ここでは無責任な野次への対策として討論会が提案されていた。そこでは、聴衆に無責任な野次という反駁を許すのなら、むしろ討論会という場で大いに反駁させてはどうかという提案があり、その反駁によって「咄嗟の間に自分の論旨を進めて行つたり、或は言葉の配列、もしくは思想の転化と云つたやうなこと」を討論会で練習させることができるとしていた。ここで討論会は反駁を行う場として捉えられ、とっさの判断や論理展開の技術、さらに思考の深まりという効果が期待されている。したがって、「雄弁座談会」で討論会に求めているのは、弁論という活動の中の反駁の部分であり、反駁を活発に行うことによってとっさの判断や論理展開の技術、さらに思考の深まりという効果が結果としてもたらされることが期待されていることになる。

ここで注目したいのは、「④死刑」で法政大学の引率者であった木村亀二が、討論後に述べた感想である。木村亀二は後日大学対抗討論会で議長を務めるように（「⑬暑中休暇」）、大学対抗討論会の企画の中で指導者の一員となっていく人物であるが、この「④死刑」の段階では法政大学側が持論とは逆の立場にたって発言しなければならなかったことを擁護する発言をして清沢洌からたしなめられているように、ディベートというこの形式に十分な理解が進んでいるとは言えない段階にあった。しかし、だからこそディベートという活動に接して述べた感想には、参加した学生や『雄弁』の読者が当時抱いた感想に近いものが述べられていたとみることができる。木村は次のような感想を述べていた。

今まで弁論家である、或は雄弁家であると謂《い》はれる人は、要するに大衆の前で、或は多数人の前で、その多数人が自己の意見に対して、どんな反響を持つか、どんな批判をなすかといふことを顧ずに、自己の言はんとすることをたゞ言つてしまふといふ態度が多かつた。ところが今日のやうな議論になつて来ると、さういふ風なものではなくして、矢張り相手に対して単に雄弁を振りまくといふのでなくして、デイベートする、デイスカツスするといふのが、弁論の中心的な要素をなして居るのではないかと思ひます。然るに相手の論拠を捉へて、それに対して自己の立場を展開する、而も相手の論拠を攻撃するといふことがお互に欠けて居つた。これが私の今日特に痛切に感じた点で、将来は大衆の前で自己の意見を正確に且つ感銘深き方法に於て述べるといふ弁論の仕方と、同時に相手に対して自己の立場を明かにし、相手を説服し得るといふ、即ちデイベートする、或はデイスカツスするといふ方法とを、共に諸君が練習せられんことを希望したいのであります。

従来行われていた「多数人が自己の意見に対して、どんな反響を持つか、どんな批判をなすかということを顧ずに、自己の言はんとすることをたゞ言つてしまふ」「相手に対して単に雄弁を振りまくといふ」雄弁ではなく、これからは「相手の論拠を捉へて、それに対して自己の立場を展開する、而も相手の論拠を攻撃するといふこと」が求められていく。したがって、これからは「大衆の前で自己の意見を正確に且つ感銘深き方法に於て述べるといふ弁論の仕方」が求められると共に「相手に対して自己の立場を明かにし、相手を説服し得るといふ」弁論が求められることに気づいた。この転換が、大学対抗討論会を見ていて「今日特に痛切に感じた点」だというのである。

では、「相手に対して自己の立場を明かにし、相手を説服し得るといふ」「相手の論拠を捉へて、それに対して自己の立場を展開する、而も相手の論拠を攻撃するといふ」弁論とはどのような弁論なのであろうか。この発言のあった第四回までしばしば指摘されているのが、反駁の不十分さである。反駁の不十分さについては、今日でもディベートという活動でその難しさを誰もが感じる課題であろう。大学対抗討論会でも次のようにしばしば言及されている。

討論をおやりになる時には、演説と分けて考へますと、第三者の眼の前で敵の言つて居ることは駄目なんだと思はせることも、甚だ人の悪いことでありますけれども一つの手でありますから、何でも彼《か》でも自分の意見ばかりを沢山言はうとするよりも済むものならば自分の意見を全部言ひつくさずに敵の意見を封鎖して、どうしても自分の意見を言はなければいけない時には伝家の宝刀を持つて行つて、片手で相手を捻《ひね》つてしまつても戦争は片付くものなのでありま す。[「①自殺」の鶴見祐輔の講評]

相手の矛盾を指摘することが、この場合非常に必要でありますのに、それが案外なかつた。例へば内山君がアメリカの兵隊といふものは二、三哩《マイル》位しか歩けない、かう言はれた。その次に起つた笠原君は、それぢやそれ程歩けないアメリカの青年が、何故オリムピックに勝つたか、オリムピックで以て一番成績を挙げて居るのはアメリカ人ぢやないか、といふ位のことはちよつと揚足《あげあし》を取りながら進んで行くべきだと思ふのであります。［中略］私は今さういふ自分の意見を言うて居るのではありません。さういふ矛盾を指摘しながら議論を進めるといふことは非常に有効だと思ふのであります。［「②田園文明」の清沢洌の講評］

御互に自分の主張だけを言うて、他の主張を聴かない、成べく他の主張を封じ込めてしまはうといふ方に熱中されるやうな傾向が多々あつた。これは反対側の言ふ所をもう少しよく聴いて、それを能く理解して、反対側の虚を衝くといふことも亦一策ぢやないかと思ふのでありま
す［「⑪国際結婚」の赤神崇弘の講評］

討論会として私がもう少し希望したいことは、自分が何か言はうといふことの外に、反対側の選手の言はれたことを徹底的に反駁してやらう。向ふの欠点を指摘し、根本から覆へしてやらう。詰り戦争に譬へたならば、攻撃を主眼とせらるゝ論法が甚だ少なかつたやうであります。極端な例をいひますと、自分はこの討論会に出て来られるのに、少しも用意をしないで、自分の意見は何も言はない積りで、向ふの人が何か言つたら、その言つたことの中に何か間違つた

ことがあるに違ひないから、それを反駁しようといふやうな考で［以下略］［「⑪国際結婚」の青木得三の講評］

「①自殺」の鶴見祐輔の講評では、「演説と分けて考へますと」というように演説と討論会における発言との差異を話題にし、演説との差異は「第三者の眼の前で敵の言つて居ることは駄目なんだと思はせること」であり、「敵の意見を封鎖して」しまうことだとしている。ここでは、反駁によって相手の主張の欠陥を明かにすること、つまり討論会に於ける反駁の重要性が強調されている。「②田園文明」の清沢洌の講評では、「相手の矛盾を指摘することが、この場合非常に必要である こと、「矛盾を指摘しながら議論を進めるといふことは非常に有効だ」とし、今回の討論会では「それが案外なかつた」と反駁の不足を指摘している。

「⑪国際結婚」の赤神崇弘の講評はⅣ（一六〇頁）で確認したが、これも反駁不足の原因を聞き取り不足に求めた指摘である。

「⑪国際結婚」の青木得三の講評では、「自分が何か言はうといふこと」即ち自分たちの主張を述べるだけでなく、「反対側の選手の言はれたことを徹底的に反駁してやらう。向ふの欠点を指摘し、根本から覆へしてやらう」という意識が必要だという言い方で、ここでも反駁することの重要性が述べられている。その上で、「極端な例をいひますと、自分はこの討論会に出て来られるのに、少しも用意をしないで、自分の意見は何も言はない積りで、向ふの人が何か言つたら、その言つたことの中に何か間違つたことがあるに違ひないから、それを反駁しようといふやうな考で」討論会に臨むことも必要だとしているが、事前の準備のことはともかくこのような姿勢で臨むのが、本来の反駁担当であろう。

一九三四（昭和九）年の座談会「討論熱を盛んにする研究会　後半」の中で、清沢洌がアメリカのディベートでは一チームが三人で構成され、「最初の者が大体の趣意を述べて、それからその次の者が反駁をして、最後に結論的なものを述べる」と説明していたが、その「その次の者」すなわち反駁を担当するものの心構えが、青木得三によって語られていることになる。その点、大学対抗討論会ではチーム構成を五人にし、「自由討議」として一人が何度発言してもよいというルールにしたことによって反駁を担当する者の存在が曖昧になったともいえる。

では、実際にどのような「反駁」が行われ、それが反駁としてはどのように不足していたのであろうか。この点を、具体的な発言をたどることによって確認しよう。

ここでは「⑫産児制限」を取り上げる。中央大学（肯定側）と法政大学（否定側）との間で行われ、議長は清沢洌、審判は永井亨が務めている。

場面は、双方の立論（記事では「概論」とする）が終わり、一〇分間の休憩の後に行われた「第二討議」と題した反駁の一部である。なお、引用文に付した傍線は、実傍線が相手の発言を要約した部分、波傍線が実傍線部に対して反駁している部分を示す。

木田（中）法政側の佐藤君は総論に於て、産児制限をすれば生産に参与する労働者の数は減少する。それによつて一国の生産率が激減すると云はれましたが、客観的社会情勢について見るに原始的な手工業は、駸々乎《しん〱こ》として躍進して来た機械化文明に取つて代られ、その結果法政側が言はれた如く、欧州大戦を一つのモーメントとして失業者の氾濫、犯罪者の激増を来し産児制限の声が澎湃《ほうはい》〔水のみなぎり逆巻くように、物事が盛んな勢いで起るさま〕として全世界を風靡《ふうび》するに至つたのを何と見られるか。

次に法政側の諸君は、一国の人口の増加は必然的に世界の戦争を招来するといふ重大なる点を没却して居《を》られると思ふ。人口の増加が必然的に戦争を誘致することは、何人《なんぴと》も異論のない所でありまして、これこそ一国内の平和、更に国際平和に関係する重大問題であります。又法政側の諸君は社会に害悪を流す犯罪人が、主に貧困階級から出ると言はれましたが、我が刑法に規定して居る堕胎罪は取も直さず出産防止に懸《か》つて居るのでありますが、受胎の防止、即ち吾々の主張する産児制限によれば、堕胎の罪を我が刑法上より抹殺することが出来るのではないかと思ひます。

草野（法）先程から吾々は人口問題、或は食料問題といふものは現実にはあり得ないといふことを、口を尽して言つて居るに拘《かゝは》らず、中央側は未だに人口過剰であるが如き偏見を抱いてゐられる様であります。徒《いたづ》らに人口過剰と云はれるが、一体何に対して多過ぎるのであるか、その点がちつともはつきりして居ない。又機械化文明が人口過剰を生んだと言はれますが、機械が人口過剰を生んだのではない。機械は手足の如く人間に奉仕する。これを巧《たくみ》に使用すれば益々効果を挙げて、人口過剰などいふことは無くなつて行く、従つて人口過剰による戦争の勃発などと言ふことは杞憂に過ぎなくなるのであります。［傍線は引用者による］

ここには二人の発言を抜き出した。傍線部は、相手側の発言に直接言及しているところである。つまり、相手側の主張をどのように受け止めたかを示し、相手の発言に念を押すという役割も果たしている。

まず、中央大学の木田が、法政大学の発言の中に次の二点を確認している。

① 産児制限をすれば生産に参与する労働者の数は減少する。それによつて一国の生産率が激減する

② 社会に害悪を流す犯罪人が、主に貧困階級から出る

それに対して、法政大学の草野が、中央大学の発言の中に次の二点を確認している（番号は木田の指摘に付した番号に連続させる）。

③ 未だに人口過剰であるが如き偏見を抱いてゐられる様であります

④ 機械化文明が人口過剰を生んだ

反駁に当ってはまず自分が反駁したい論点をはっきりさせるために、相手側の発言の中からどの

部分に対して反駁するのかを明示する必要がある。その点、両者ともに二ヶ所ずつを反駁を加える点として示した。ただし、指摘の③は特に誰の発言と断らずに、印象として述べられている。

次に、①〜④に対して、それぞれどのように反駁を加えているのかを確認してみよう。相手側の発言の中にこれから自分が反駁する点をはっきりさせたら、その点について効果的な反駁を制限時間内で行う必要がある。その反駁の中で相手側の論理を破綻させることができれば、相手側の主張を打破する道が開けてくる。引用文で波線をつけた部分がその反駁の部分である。

まず、①に対して、肯定側の木田は、手工業が「機械化文明に取って代られ」た結果、「失業者の氾濫、犯罪者の激増を来し」「産児制限の声が澎湃として全世界を風靡するに至つた」という事例を挙げる。この反駁は、①「産児制限をすれば生産に参与する労働者の数は減少する。それによつて一国の生産率が激減する」という法政側の主張に対して、直接反駁してはいない。「機械化文明に取つて代られ」た結果として失業者と犯罪者が激増し産児制限の要求が起こったのであって、①とは原因と結果とが逆である。

次に②に対する反駁であるが、ここでは②「社会に害悪を流す犯罪人が、主に貧困階級から出る」とは直接関係のない刑法における堕胎罪の話題に移っている。これでは、②の論理的矛盾を衝くことはできない。

では、否定側の草野はどうであろうか。③は特に具体的な指摘もなく、単なる印象を述べたという形であり、「徒らに人口過剰と云はれるが、一体何に対して多過ぎるのであるか、その点がちつともはつきりして居ない。」と人口過剰の根拠を明らかにするように求める発言は効果があるように見えるが、相手側のどの発言に対する反駁なのかが示されていないために、反駁としては逆に弱くなってしまった。④に対しては、「機械が人口過剰を生んだのではない。」と反対の主張を述べ、続いて「機械は手足の如く人間に奉仕する。これを巧に使用すれば益々効果を挙げて、人口過剰などいふことは無くなつて行く」と述べる。機械は人間に奉仕する存在であるので、機械を巧に利用すれば人口過剰は無くなっていくとするが、ここでは「機械が人口過剰を生んだのではない。」ことの根拠とはなっていない。しかも、「吾々は人口問題、或は食料問題といふものは現実にはあり得ないといふことを、口を尽して言つて居る」と、人口問題は現実にはあり得ないという立場だと最初に述べているのであるから、機械を利用するかどうかに関わらず人口過剰は最初から無いはずである。

このように、相手の言葉を特定した四点の内、相手の論理の破綻を目指した発言は一つもない。この点について、討論後の講評の中で法政大学の引率者木村亀二が「討論の運転の仕方を静かに眺めて居りますと、どうも相手の云ふことを掴《つか》んで、それに対して反撃を加へる、或は自己の主張を明《あきらか》にするといふ態度が矢張り欠けて居る」と指摘している。つまり、相手の述べたことを確認し、その確認した内容に対して反駁を加えるという反駁の形式は踏まえているが、反駁の内容としては論理的な反駁とはなっていないということである。このような点が、反駁の不足として度々指摘された点である。

その一方で、反駁が適切であったという、次のような講評が行われたこともある。

従来は動《やゝ》もすると一人で演説をして居る形で、相手に対する反駁といふものは殆《ほと》んどなかつた。今夜は一人がお述べになつたことに対して、直《たゞ》ちにそれを反駁されて居るといふ風なことになつて、大変面白く行きました。［「⑤政党政治」の清沢洌の講評］

大東側が文化の進んだ春秋戦国時代の例を出したのは大分よかつた。それに対して明治学院側から、春秋戦国時代の文化は、少数の学者英雄を中心とした文化で、民衆と没交渉であるといふ議論のつけ方も、非常にいゝ考へ方であつたと思ふのです。［「⑧戦争文化」の北昤吉の講評］

この二つの例は、反駁が効果的に行われたことを指摘した講評である。不足を指摘するにしても、効果的に行われたことを指摘するにしても、このように度々反駁について言及されているということは、指導する側がこの討論会に対して反駁が十分に行われることを期待していたということを示している。

したがって、大学対抗討論会という場に求められた弁論練習とは、反駁の充実であったということができよう。

では、反駁という活動を充実させることによって、どのような効果を期待していたのだろうか。

先に見た「雄弁座談会」では、「咄嗟の間に自分の論旨を進めて行つたり、或は言葉の配列、もしくは思想の転化と云つたやうなこと」が期待されていたが、反駁という活動によって内面的にはどのような効果が期待されたのだろうか。

(3) 「楯の両面を観る」指導

『雄弁』におけるディベートの移入を巡る記事の中で、「楯の両面を知る・観る」ということが二回語られていた。ここでは、この言葉について検討を加えることによって、大学対抗討論会の反駁という活動によって求められたものは何だったのかということを考えていきたい。

「楯の両面を」理解するということをディベートの目的として最初に言及したのは、一九三〇(昭和五)年の「弁論界刷新座談会」であった。この中で、出席者の一人である内ケ崎作三郎が、イギリスで行われている「討論会」を紹介し、それに続けて次のように語っていた。

イギリスでは中学の討論会でも皆さうでせう。空想の問題、理論の問題ではない。実際の問題を取扱はせる。そこで学生の中には極端な説を持つて居る者があるかも知れませんけれども、今度は反対の者もなか〳〵確かりしたことを言ふものでありますから、自然に反省させられることもあつて、聴いて居る者でも討論に加はる者でも、楯の両面を知る機会を与へられる。ところが、日本の演説の遣り方といふものは、楯の一面しか分らないので、言ふだけで以て反駁は聴かない、反対の議論を知らないで、自分の主張ばかり通すといふやうな風《ふう》があるものですから、そこで物の見方が一方付《いっぽうづ》く、知識が一方に偏《へん》してしまって居る。［傍線は引用者による］

ここではイギリスの討論会と日本の演説とを比較している。イギリスでは討論会（ディベート）の中で反駁を受けるために、発言者だけでなく聴衆も自分の考えを反省することとなるので、討論会が「楯の両面を知る機会」となっている。それに対して、日本の演説では反駁を聴く機会がないので、「楯の一面しか分らない」ことになり、「自分の主張ばかり通す」ことを考えることになる。

ここで内ケ崎作三郎は、イギリスで行われている討論会（ディベート）の効果を、単なる技術の向上に限定するのではなく、思考に与える影響にまで広げて説明している。そして、その効果は反駁によってもたらされるものであり、その効果とは「楯の両面を知る」こと、後半の日本との比較を視野に補えば、自分の主張ばかりではなく、自分とは異なる主張とその観点とを知ることであり、知識を一方に偏らせないことだということになる。この「自分の主張ばかりではなく、自分とは異なる主張とその観点とを知ること」「知識を一方に偏らせないこと」を、内ケ崎は「楯の両面を知る」ことだとし、ディベートがその機会になるというのである。

次に「楯の両面を」理解するということに言及したのは、一九三三（昭和八）年の清沢洌「諸君に大いに討論の練習をすゝむ」であった。

清沢は、次のようにディベートを移入する目的を「楯の両面を観る習慣を養成」ためだとしている。

これによつて討論精神——さういふ言葉はまだないと思ひますが、問題に打《ぶ》つ突かつて楯の両面を観る習慣を養成するのに、この上もない方法だと思ふからである。率直に申しあげれば、日本人の一番の欠点は、対手の立場を諒解しないで、一人で決めてしまふことである。これは外国との交渉などにおいて特に然《しか》るものがあつて、日本の国際孤立はこゝから出てゐるのであります。われ等は自己の立場を主張すると同時に、対手の理屈と立場も諒解し、そして誰によつて唱へられても、正理にだけは服する心構へを養はねばならぬ。〔傍線は引用者による〕

つまり、ディベートを移入することによって「討論精神」即ち「楯の両面を観る習慣を養成」したいと述べ、「自己の立場を主張すると同時に、対手の理屈と立場も諒解し、そして誰によつて唱へられても、正理にだけは服する心構へを養」うためであるとしている。

この「楯の両面を観る習慣を養成」するというディベート移入の目的は、同じ清沢洌による「討論の方法早わかり」でも次のように繰り返されていた。

かつても書いたやうに日本人の一つの欠点は、議論の両面を見ないで、一人決めな独断に陥ることである。これが危険思想や迷信の多い理由でもある。私は各方面で討論《ディベイト》が盛んに起ることを希望し、出来ることならこれに個人的援助をも惜まないつもりである。

講評の中で行われた「楯の両面を観る」指導

このような清沢洌の姿勢は、大学対抗討論会の中でどのように具体的な形となって現れていたのだろうか。次に、各回の議長・審判の発言をたどってみよう。

まず、清沢の発言から確認する。たとえば、初めて指導者として審判を務めた「②田園文明」で清沢は討論終結後に次のような講評を行った。

都市文明は現在実現して居る。必然的に生れて居る。これは疑ふことは出来ない。故に必然性からいへば、都市文明の方が勝ちさうであります。何故ならば色々努力して斯ういふ社会が現在あるのであるから、必然性からいへば都市文明は勝ちさうです。けれども更に相手から、現在都市にさういふ文明はあるけれども、併しながらこれ程行詰《ゆきづま》つて居るのであるから、明日の文明といふものはどういふものでなければいけないか、即ち田園文明であるか都市文明であるか、題目もベーグ(2)でありますが故に、さういふ所へ引張つて行くことが可能であります。

この発言の前に「田園文明か都市文明か」という討論題は「頗るベーグな、少しく的確な要素を欠いて居る」ことが指摘されており、この部分はその欠陥を利用する具体的な方法を述べた一節である。この中で、現在の社会は都市文明を目指して進んできたのであるから都市文明を是とすることが当然に見えるが、現代の様々な課題を都市文明の行き詰まりと捉えるのなら、将来の問題としては田園文明を目指すべきだという論は十分に成立するとしている。つまり、現在までがAだからといって、今後もAであるとは限らない、Aの逆になるBという見方も成り立つということを述べている。

ここでは、物事の捉え方についての指摘であったが、各発言者の発言内容についての指摘もある。たとえば、先の発言の後に、次のような指摘がある。

阿部君が田舎から都会に来る例を述べられた。さうして故に都市文明がい丶、斯う言はれた。けれどもさうしたことを国家的に見て、田舎から都会へ出て来て、こ丶に皆集ることが日本国家としてい丶のか、さうしてさういふ失業者を沢山起すことがい丶のか、現にアメリカでも、ロシヤでもその他でも、田園へ帰つて行くといふやうな傾向が沢山あるといふ。私は今さういふ自分の意見を言うて居るのではありません。さういふ矛盾を指摘しながら議論を進めるといふことは非常に有効だと思ふのであります。

都市文明擁護側の発言についての講評である。確かに都市文明に憧れて人は田舎から都会へと出てくる。この傾向を例として都市文明の妥当性を主張したのだが、国家レベルの課題としてみれば、都市への人口集中が生む様々な問題から田園への回帰という現象が生まれつつあることを考えなければならない、という。しかも、「私は今さういふ自分の意見を言うて居るのではありません。」と、自分の持論を述べているわけではなく、「さういふ矛盾を指摘しながら議論を進めるといふこと」の重要さを教えているのだと念を押している。

ここで清沢は、Aという主張に対してBという捉え方も可能であり、それを反駁という形で述べていくことができるという形で、反駁に結びつけるための思考の進め方を示している。このように討論者が反駁のために相手の主張の問題点について思考を進めることを、清沢は「楯の両面を観る」と表現したのであろう。

清沢洌以外の発言を検討する

では、清沢以外の指導者に、同様の発言はないのだろうか。それを見ることで、清沢の主張がどの程度共有されていたのかを確認しよう。

高木友三郎の講評

たとえば、「⑥ブロック経済」で審判を務めた高木友三郎は、講評の中で、「私は、ブロック経済の主張者といふか、兎《と》に角《かく》賛成論者であります」と断った上で、日本と満州国との間で成立していた経済ブロックについて、次のように具体的な課題を挙げている。

（「⑥ブロック経済」の討論風景）

ブロック経済は世界の大勢であるといふことにしましても、私はもう少し反対論も成立し得るかと思ふのであります。それは、既に民政党の若槻総裁を初め、その他現在の日本の多くの資本家も言うて居るのでありますが、このブロック経済は、単に世界恐慌の一時的苦しみの結果出来たもので、若し世界恐慌が再び繁栄に向ふならば、これは解消するのではないかとも考へ得るのでありま す。［中略］若し世界恐慌も底を突いて、今後再び繁栄に趨《おもむ》くといふことになれば、或《あるひ》は斯ういふブロック、或は国家的合同といふことは解消する傾向があるかもわからないといふ点を、もう少し反駁されたらどうかと思つたのであります。又亜米利加のモンロー主義に致しましても、政治的に見まして、殊《こと》に南亜米利加が欧州の強国から圧迫されるといふ心配のあつた時は、彼等も合衆国を中心としてモンロー主義を強化しようといふ傾向が見えたのであります。けれども一度《ひとたび》欧州が、到底干渉の余力がないといふことがわかると共に、今日では合衆国がこの上モンロー主義をやつては困るといふやうな傾向を生じ、米国もそれを察知しまして、今日は寧ろ自分がリーダー振りをなるべく発揮しない傾向があつて、モンロー主義は解体しつつあるとも見られますから、これらの点から言つても、必ずしも世界の大勢であると結論するのは少し早いかといふことも、反対論者としては言へるだらうと思ふのであります。

ブロック経済政策は「世界の大勢」になっているということに対しても、反対論は成立可能である、まず、ブロック経済というものは、世界恐慌への対策として一時的に各国が採用している政策であるので、今後の経済の動きによっては解消する可能性があり、アメリカのモンロー主義も世界情勢の変化に応じて容易に変化するのであるから、ブロック経済政策が世界の大勢であると結論づけることはできない、という反駁の例が示されている。さらに次のような発言が続く。

それから更に国家的の立場に移りまして、このブロツク経済を日本がやることがいゝか悪いかといふことについて考へますと、日米戦争とか日露戦争は、寧ろ日本が日満ブロツクをやつた結果起るのではないか。若し幣原外交を押通したならば、かういふことにはならなかつたであらうとも言へる。

ここでは、日本が満州国とのブロック経済政策を進めるために、対米、対露（対ソ）との緊張が高まっているのであり、今後両国との間に戦争が起るとしたら、その原因は日本がブロック経済政策を採用したことにある、としている。

これらの指摘を読むと、高木は本当にブロック経済政策の「主張者」「賛成論者」なのかと思われてくるが、むしろそのような課題を十分に考えた上で、高木友三郎はブロック経済政策を支持しているということなのだろう（高木は一九三二年の著書の中で、「東亜モンロー主義」を掲げている）。ここには、「世界の大勢」は変化しており、それに応じてブロック経済政策の意味も変わるというように、物事には両面があり、その両面を考えることが必要だとの助言が読み取れる。まさにブロック経済政策という「楯の両面を観る」ことを、高木は具体的に示したと見ることができる。

しかも、この講評の冒頭で「大体『雄弁』の読者もこれをお読みになれば、ブロックの概念、日満経済ブロックの必要、或はそれに対する価値といふものが分ると思ふのであります。」としているところから、大学対抗討論会の記事を通じて読者にもブロック経済政策についての理解が深まってくるという前提が読み取れる。つまり、「楯の両面を観る」ことは読者にも求められており、今回の「⑥ブロック経済」の記事はそれが可能だというのである。討論会の発言者だけでなく、読者の存在を意識して、読者にも「楯の両面を観る習慣を」求めるという姿勢がうかがえる。

市川房枝の講評

また、「⑦女性職業」では、長年女性の生活と権利の改善に取り組んできた市川房枝が審判を務め、次のような講評を述べている。

どうして婦人が職業戦線に出なくてはならなくなつたかといふことを、ハツキリ仰《おつ》しやつたら、その点でかなり反対側の意見を承服せしめたのではないかと思ふのであります。それから反対側では、一番初めに松谷さんから、婦人が職業戦線に出れば、その結果として色々な悪い所があるといふ御説もありました。これも、モツトどういふ風な具合になるかといふことを、相当具体的に詳しく現在の実情をお述べになり、それに対して賛成側は、どう考へるかといふ風なことをお突つ込みになつたならば、相当これは痛い点であつたと思ひます。

このときの討論題は「女性が職業戦線に進出するの可否」であったので、市川が言う「反対側」とは「女性が職業戦線に進出する」ことに反対する立場、「賛成側」とは「女性が職業戦線に進出する」ことに賛成する立場を指す。「女性が職業戦線に進出する」ことに賛成するのなら、どうして婦人たちが職業人として社会に出なくてはならなくなったのかを明確に述べるべきであった、さらに反対するのであれば、婦人が職業をもつことの課題を具体的に述べて賛成側の考えを質すべきであったという。「女性が職業戦線に進出する」ことについて、双方の立場から論を展開できるということが指摘されている。

さらに市川は次のように続ける。

それから賛成側の議論の方で、婦人の職業戦線に出る結果が悪いといふことをもう少し承認なすつて、さうしてその上で、それを避ける方法があるんだといふことを言及なすつたら、却《かへつ》て主張を助ける上に利益でなかつたかと思ひます。例へば実際、職業戦線に出る結果、家庭的にも或は体の上にも影響があることは事実なのであります。併しそれはかういふ風な方法に依ればいゝのではないか。例へば労働立法なんかの制定、或は婦人に適した仕事をする。これは最後に女の車掌を一般の人達は寧《むし》ろ喜んで居るのだ。かういふお言葉がありましたが、その点をモツト初めに強調して、仕事に依つて婦人に適した仕事があることを仰しやられたらどうか。例へば製糸の女工なんといふものは男が幾ら代らうというても駄目です。十七八歳のあの若い女の綺麗な指に依らなければ製糸なんかは出来ないのであります。その製糸が日本の産業の中で一番重大なものなのです。其処から婦人を皆家庭に追ひ返したら日本の産業は潰れる。日本国家に取つて重大問題だといふやうな点も強調なすつてよかつたのではないかしら……そんな気も致します。

ここでは、「女性が職業戦線に進出する」ことに賛成する立場からも女性が職業をもつことの課題を認めた上で、その課題解決の方法を示すべきだとしている。特に、女性が職業をもてば「家庭的にも或は体の上にも影響があることは事実なので」あるから、それは認めた上で、その解決方法を示すべきだというのである。その具体例としては「労働立法」や「女の車掌」「製糸の女工」の例が挙げられている。ここには、「女性が職業戦線に進出する」ことを主張するにも、それに反対する側が指摘するであろうと思われる課題について予測し、その解決策を用意すべきだという姿勢がうかがえる。「楯の両面を観る」ことを市川自身が具体的に示したものである。

この市川の発言の後、議長の星島二郎からも次のような発言がある。

婦人に職業を与へる側も理屈があるが、与へぬといふ側にも理屈が十分ある。議長としましては、どちらかと言へば可の方である。併しながらその欠点を如何に除去するかといふことに意を用ゐなければならぬ。そこに反対側の御議論に十分尊重するものを承つたやうに思ふのであります。

星島は、「女性が職業戦線に進出する」ということに対して、賛成反対両方の論が成り立つのであり、賛成の主張をするにあたっても進出する場合の課題をいかに克服するかということを考える必要があるので、その意味では反対側の主張も十分に尊重しなければならないというのである。ここでも、「楯の両面を観る」ことの必要性が訴えられている。

亘理章三郎の講評

このような指摘は他の回にも見出すことができる。たとえば、大学対抗討論会としては最後となった「⑬暑中休暇」では、審判の亘理章三郎が講評の中で次のように発言している。

農大側が休《やすみ》を休養といふ意味に解釈されたことは、確に一つの意義のあることであつて、休といふ文字に意味を持たせる以上、休養の利益を考へなければならぬと思ふのでありますが、その方面に於ては休に伴ふ弊害を主として挙げられたやうに思ふ。總ての事には弊害もあり利益もあるのですから、弊害を見れば、弊害のないやうに手当して、利益の方を収めて行くといふやうな事が研究さるべき問題になると思ふのであります。例へば、休養することは益々精力を養つて更に発展をする為であるといふやうな意味で、その方面の事も多少、御研究を願ひたいと思つたのであります。

この時の討論題は「暑中休暇を廃止すべし」であり、農業大学は肯定側であった。したがって、暑中休暇の「休を休養といふ意味に解釈」し、その「弊害を主として挙げ」たのだが、休養には「益々精力を養つて更に発展をする為であるといふやうな」利点もあるのだから、その点も踏まえて論を進めるべきであったと指摘している。「休を休養といふ意味に解釈」したとしても、そこには利点と欠点とが生じるのであり、その両面を考えることが求められている。最終回にして未だ「楯の両面を観る習慣を養成」できていないということにもなるが、わずか一三回の実践であり、しかも出演者指導者共に交代していったことを考えれば、最後まで「楯の両面を観る」ことが指摘されていることの方を評価すべきであろう。

準備段階から起る「楯の両面を観る」思考

このように、相手の主張の問題点を指摘する反駁の中で「楯の両面を観る」機会となるということが度々言及されていた。しかし、別の面から「楯の両面を観る」ということが語られた例がある。それは、一九三五（昭和一〇）年の「青年団員を中心とする『話し方』研究座談会◇高島、安倍両先生解答◇」での高島米峰の発言である。

先に確認したように、この記事の中で高島は討論会を「討論の形式作法」を学ぶための練習の場と捉えていた。その上で、「練習なんだから八百長になる」、つまり、持論を戦わせるのではなく、仮の立場を決めてその立場から意見を述べ合うことで「弁舌が錬れる」とした。その、仮の立場を決めることを、高島は「八百長」という言葉で呼んでいるが、これは決して否定的な意味ではなく、本物の討論、つまり持論を述べ合う討論ではないという意味である。

そして、「八百長」について、高島は、「自分は平生右と考へて居るけれどもこの場合は左の立場に立つてやるんだといふやうな事」という言葉で説明している。このように、割り振られた立場で意見を述べる準備をしていく中で、「『成程理屈といふものはどちらにもつくな』『成程斯ういふ理屈も成立つものだな』といふやうなことを考へさせられて、正式の討論のときに敵に乗ぜられないといふだけの心構へになつて現れて来る」という効果があると語っている。つまり、自分の持論とは異なる立場の意見にもそれなりの理屈が成り立っていること、それなりの理由があることを学ぶことができるというのである。

したがって、高島がここで述べていることも、「楯の両面を観る」ということである。つまり、発言者自身の考えではなく、割り振られた立場で討論題について考え、主張を行っていくというルールによって、自分自身が考えていた立場ではない立場から考えざるを得ない状況となるが、そのように無理にでも考えさせられることによって、自分とは異なる考え、捉え方にも相応の理由がある、それなりの理屈があるということを学べるというのである。高島米峰は「楯の両面を観る」という言葉を用いてはいないが、ここで語っているものは清沢洌とは異なる場面における「楯の両面を観る」ということである。

つまり、討論会（ディベート）において、「楯の両面を観る」ことは二つの場面で行われることになる。即ち、内ケ崎作三郎や清沢洌が述べたように、相手の論理の問題点を考えて反駁を行う、あるいは自分の論理の問題点を反駁されるという場面に於て行われるということが一つである。つまり、討論の場で双方の意見が述べられることで「楯の両面」が現れてくるという意味である。もう一つは、高島米峰が述べたように、本来自分が考えていたこととは異なる立場から考えて主張をしていかなければならない状況となったときである。ここでは、討論の準備をしていく中で、それまで見えていなかった「楯の」反対側が見えてくるという意味である。

この二つの場面は、ディベートという討論形式によって可能となるものである。したがって、このような「楯の両面を観る」という機会を設けることを目的として、『雄弁』は大学対抗討論会の企画を実施し、日本にディベートという活動を移入しようとしたと捉えることができる。

当時の社会状況と「楯の両面を観る」こと

もちろん当時の社会状況として、どんな分野についても「楯の両面を」自由に考え論じられるというわけではなかった。それは指導者たちにも認識されている。たとえば、一九三四（昭和九）年の「討論熱を盛んにする研究会　後半」では清沢冽と高島米峰との間で次のようなやり取りがある。やや長くなるが、やり取りの様子を確認するために、該当部分を省略せずに引用する。

清沢　まあ、一般に時の問題だらうな。蓋《けだ》し我我が討論の必要を現在述べて居る理由も其所《そこ》にある。詰り国民がもつと知りたいこと、さうして有《あら》ゆる観点から論議しなければならぬ問題を論議することが一番理想的であると思ふ。けれどもこの理想は現在のところでは、何でも出来るといふ訳にはいかないのだから、実際問題としては出来るだけ手近な問題になつて来る、例へば満州問題、満州に於て日本が取つた政策が宜《よ》かつたかどうか、或は日本と露西亜の間に不可侵条約を結ぶべきであるかどうか、或は又千九百三十六年が日本の危機であるといふ問題、さう云ふ、時の重大問題をなるべく選ぶのがいゝと思ふ。
高島　ところがさうした問題には取扱ひに困る題目が多いね。
清沢　許される範囲に於てだね。反対ばかりしようと云ふのでなくて、一方に賛成の説もあつて、誤りがあればそれを直して行かうと云ふのだから、出来るだけの範囲で、我々の重大なる問題を選んでやらなければならぬと思ふ。世の中の事が十分討論が出来ないと云ふやうな事では、進歩は望めない。現在我々が討論熱を盛んにしたいのはさういふ空気を打破りたい為なのである。これは国家の為に力《つと》めたいと思ふ。
高島　けれども清沢君、僕は今の社会状勢では討論を幾ら盛んにしても、君の考へみたいなことは達せられぬと思ふ。
清沢　僕はさう思はぬ。僕は何故それが出来ないかと云へば、物を両方から見る修練が日本人には足らぬからだらうと思ふ。大学生の討論会を二三回聞いて見て、如何に彼等が一人合点であるかが分る。詰り頭に消化されてない。本にあることで自分が今まで信じたことを其儘《そのまゝ》に云つてゐるに過ぎぬ。相手の立場と云ふやうなものはちつとも分つてをらぬ。その立場が討論に依つて養成されゝば、どんな問題が現れても差支《さしつか》へないやうになると僕は思ふ。
記者　どんな問題でも自由に討論出来ると云ふことは、理想としてはさうありたいのですが、しかし実際になると例へば政治問題などはその時の為政者によつて云はれては困ると云ふやうな問題が沢山あるのですね。その点に行くと私共非常に迷ふので、実際問題として言ひ得ない問題が随分あります。〔傍線は引用者による〕

清沢が、討論会では「国民がもつと知りたいこと、さうして有ゆる観点から論議しなければならぬ問題を論議することが一番理想的である」が「この理想は現在のところでは、何でも出来るといふ訳にはいかない」という現実を認めた上で、「実際問題としては出来るだけ手近な問題」を取り上げるのがよいと現実的な姿勢を見せる。しかし、それに続いて例として示したのが、満州に対する政策の是非を問う問題や、ソ連との不可侵条約締結の是非を問う問題、一九三六年の国際関係の危機を巡る問題（同年、日本はロンドン軍縮会議からの脱退が予定されていた）であった。一九三一年の満州事変以降、日本は国際連盟から脱退して国際的な孤立を深めることとなり、ソ連との中立条約締結の是非も大きな問題であった。まさに、一九三四年当時「国民がもつと知りたいこと、さうして有ゆる観点から論議しなければならぬ問題」であった。しかし、討論が「何でも出来るといふ訳にはいかない」状況である以上、これらは「出来るだけ手近な問題」として扱える問題ではなかった。そのため、高島から「取扱ひ」に疑義が出たのである。

それに対する清沢の反論は、清沢の討論会観を表している。清沢は「出来るだけの範囲で、我々の重大なる問題を選んでやらなければならぬ」と、政治的社会的に許されるギリギリの範囲で

「我々の重大なる問題」即ち「国民がもつと知りたいこと、さうして有ゆる観点から論議しなければならぬ問題」を扱うべきだとし、それは「誤りがあればそれを直して行かう」という姿勢からだと述べている。そして、「世の中の事が十分討論が出来ないと云ふやうな事では、進歩は望めない」と、自由な討論が許されなくなる社会、そのような社会的な傾向を批判し、「現在我々が討論熱を盛んにしたいのはさういふ空気を打破りたい為なのである」と、自分たちが討論会を行う目的は社会のこのような傾向を打破したいからだという。

ここで、清沢が「我々」と述べているのが誰を指すのか、は明確でない。この座談会に出席している五人と『雄弁』編輯部を指すとも解せる。しかし、この場面での高島の「僕は今の社会状勢では討論を幾ら盛んにしても、君の考へみたいなことは達せられぬと思ふ」という反応からは、少なくとも全員がはっきり合意しているわけではないようだ。

しかし、清沢の姿勢は一貫しており、日本で討論が自由に行えないのは「物を両方から見る修練が日本人には足らぬから」だと指摘する。そして、「大学生の討論会を二三回聞いて」みた体験を持ち出す。わざわざ「大学生の討論会」と限定しているのは、大学対抗討論会を指しているのであろう。『雄弁』誌上で清沢がこの座談会以前に日本の「大学生の討論会」に接したというのは、大学対抗討論会の「②田園文明」と「④死刑」の二回である。この他に、一九二八（昭和三）年の清沢洌「日米大学生雄弁対抗戦を見る」で、アメリカのオレゴン大学から派遣されてきた学生と日本の大学生との雄弁会をレポートしているが、これは討論会ではない。したがって、「②田園文明」

と「④死刑」とが、「本にあることで自分が今まで信じたことを其儘に云つてゐるに過ぎぬ」「相手の立場と云ふやうなものはちつとも分つてをらぬ」という状態であったということになる。この座談会の次の号に掲載された「⑤政党政治」で清沢は議長を務め、「あなた方の議論が良かつた。第一には御議論が自分のものになつて居ります」と講評しているところから[3]、この回以前の討論会が「議論が自分のものになつて」いない状態、「本にあることで自分が今まで信じたことを其儘に云つてゐるに過ぎぬ」状態であったことが分かる。したがって、「討論熱を盛んにする研究会　後半」での発言は、二回の大学対抗討論会出席を踏まえてのものである。

座談会のこの場面で、清沢が「物を両方から見る」と述べているのは、「楯の両面を観る」ことである。「物を両方から見る」修練が不足しているために、「楯の両面を観る」能力・習慣が身に付いていない、だから、自由に論じることが許されない傾向が強いのだ、そのような能力や習慣を養成するためにこそ討論会が必要だというのである。ここでも、討論会の目的は「物を両方から見る」「楯の両面を観る」能力・習慣の養成に置かれている。

それに対して、編輯部記者から「どんな問題でも自由に討論出来ると云ふことは、理想」ではあるが、「実際になると」「政治問題などは」「為政者」からの要請・圧迫があるので難しい、討論会では自由に述べ合うべきではあるが、「実際問題として言ひ得ない問題が随分あります」という発言があって、この問題についてのやり取りは終わっている。編輯部としては政治的な問題についての政府からの制限を認めざるを得ないという姿勢が示されている。

「楯の両面を観る」習慣・能力の育成ということが、討論会の目的に掲げられながらも、現実的には様々な制限が加えられていたことが編輯部や出席者の発言から伺える。そのような圧力に抗して大学対抗討論会は企画され、種々の制限がある中で許されるギリギリの範囲で実践されていたということが分かる。ただ、この記事が掲載された一九三四（昭和九）年の時点では、このような発言をし、このような記事として掲載すること自体は可能であった。それは、**はじめに**で述べたように、当時が「突出した権力が不在」で「各勢力が互いに牽制し合いながらバランスが維持されていた」時期であったからなのだろう。しかし、やがてそのバランスは崩れていくことになり（一九三五年二月、貴族院で美濃部達吉の天皇機関説が批判される。それは、最後の大学対抗討論会が掲載される前月のことであった）、恐らくはその崩れたバランスの前に大学対抗討論会は一三回で突如打ち切られたものと思われる。(4)

Ⅲで検討したように、清沢洌「諸君に大いに討論の練習をすゝむ」では「これによつて討論精神――さういふ言葉はまだないと思ひますが、問題に打《ぶ》つ突《つ》かつて楯の両面を観る習慣を養成するのに、この上もない方法だと思ふからである。」とディベートを移入する目的を「討論精神」「楯の両面を観る習慣を養成する」こととしていた。さらに、同じ清沢洌の「討論の方法早わかり」でも「かつても書いたやうに日本人の一つの欠点は、議論の両面を見ないで、一人決めな独断に陥ることである。」とし、「私は各方面で討論《ディベイト》が盛んに起ることを希望し、出来ることならこれに個人的援助をも惜まないつもりである。」と、「デイベイト」とルビを振った「討論」によって「独断」に陥りやすい日本人の性向を正していくことを提唱していた。このように、ディベートによって思考力を育成しようという姿勢が、清沢からは明確に打ち出されている。

この他に、「青年団員を中心とする『話し方』研究座談会◇高島、安倍両先生解答◇」では、高島米峰が割り当てられた立場で発言していくことの効用として、持論とは異なる立場にもそれなりの理屈が成り立つこと、それなりの理由があることを学ぶことができるという点を挙げていた。大学対抗討論会の実施を踏まえて、清沢とは異なる観点から、やはり思考に関する大きな効果をディベートに期待している。

技術主義的な福沢諭吉のディベート観

では、大学対抗討論会以前はどうだったのであろうか。ここで簡単に振り返っておきたい。最初に討論移入の必要を説きしかもそれを実践したのは福沢諭吉であった。福沢は『会議弁』総論において、「集会」について学ぶ意義を次のように述べている。

> 集会ノ体裁ヲ学ブハ兵士ノ調錬ヲスルニ異ナラズ百万ノ勇士アリト雖モ坐作進退ノ節度アラザレバ戦争ニ用ユ可ラズ今ノ士民モ亦斯ノ如シ

集会の進め方を学ぶことは兵士が調錬することと同じだとしている。どんなに勇敢な兵士であっても「坐作進退ノ節度」を身に着けていなければ戦場に出すことはできない。今の国民も同じだというのである。ここで福沢は「集会」の進め方を兵士の挙措動作にたとえており、そこには話し合いを技術として捉える姿勢がうかがえる。

その一方で、同じ総論で、「集会」の利益を「必スシモ人ト智見ヲ交易シテ互ニ其未発ノオヲ引出シ以テ大ニ成ス所ナカル可ラズ」と述べている。ここは、他の人間と「智見ヲ交易」することによって「互ニ其未発ノオヲ引出」し合うことができる、つまりここでは「集会」と呼ばれている活動によって、意見を述べ合う者同士がお互いにそれぞれの中にあるものを引き出し合うことができるということであり、その精神的な効果、相互に啓発し合う効果を述べている。この点では、福沢には討論というものを単なる技術主義的な捉え方ではなく、教育的な視点による捉え方をしている面も見られる。

しかし、福沢には討論することが話す技術として捉えられていた面が強かったということは確かである。少なくとも、意見を述べ合うこと、述べ合う場即ち討論の場や討論会を設定することによって、思考力に如何なる影響が及ぶかについては何も語っていない。このような福沢の技術主義について平井一弘『福沢諭吉のコミュニケーション』は、『会議弁』の総論の記述を基に、「『集会』に関する福沢の認識は、民主主義的なものというよりは、かなり技術主義的（技術が重視され精神が伴わない）なものであった」と指摘している。

レクチャーとしてのディベート観

その後、討論会は自由民権運動の言論活動の一つとして全国に知られていくこととなった。その中心人物の一人で、討論会を多く行った馬場辰猪は自らの言論活動について次のように述べている。なお、馬場辰猪は日本語の文章よりも英語の文章の方を得意とした人物であったため（言文一致体が生まれる前であったために、書き言葉としての日本語が未熟な時期である）、自叙伝の中でも自らを三人称で呼ぶ英文で記述している。そのため、馬場辰猪による英文（'*The Life Of Tatui Baba*'）と、それを日本語訳した、馬場胡蝶（辰猪の末弟）による訳文（「馬場辰猪自伝」）とを並べてみよう。

Accordingly, he established the society called Kokuyukai or Friend of the People, from the name of a newspaper in the French Revolution "L' Ami du Peuple", in which he gave several lectures.［傍線は引用者による］

それ故に、彼は人民の友即ち国友会といふ会を起こしたのだが、その名は『人民の友』といふ仏蘭西大革命時代の新聞の名から採つたもので、辰猪はその会で数回講演した。

馬場辰猪が自由に政治的な講演ができる団体を作る必要を感じて組織した国友会を、フランス革命のときの新聞"L' Ami du Peuple"に基づいて名づけたと書いている。しかし、その国友会で行われるのは「several lectures」（いくつもの講演）であった。「speech」ではなかったのである。国友会での活動が「lectures」であったのなら、その姿勢は演説だけでなく、討論会にも及ぶはずである。

たとえば、一八八一年一〇月二三日に国友会として行った「議院ハ必ズシモ二院ヲ要セズ」を討論題とした討論会では、発議の冒頭で次のように馬場辰猪は述べている。

此ノ問題タル尋常討論ノ如ク止ダニ論理ヲ講究スルノミニアラズ、即チ今回ノ御勅諭アル上カラニハ異日憲法ヲ制立スル時ニハ極メテ重要ナル問題ニ属スルヲ以テ今ヨリ之レヲ論議シテ輿論ノ向フ所ヲ定メントスルニ在リ、聴衆諸君モ敢テ之レヲ等閑ニ付スル（いいかげんにして放っておく）コトナク丁寧且ツ公平ニ之レヲ判断セラレンコトヲ冀望（きぼう）ス

ここでは、これから討論会として扱う、国会を一院制にすべきか二院制すべきかという問題が、国会開設の詔（みことのり）が出た以上やがては制定することになる憲法で極めて重要な問題となることが説明され、それだけ重要な問題であるのだから、これを等閑に扱うことなく慎重に受け止め扱うように聴衆に求めている。国会を一院とするか二院とするかということが、憲法で扱われるほど国家にとって重要な問題であることを解説しているのであり、当に「lectures」である。

そして、このように発議の冒頭部分で、討論で扱う問題について「lectures」のような解説をす

るということは、他の討論題でも見られる。(5)つまり、馬場辰猪にとっては、討論会というものは「lectures」(講習)の一種、民衆を教育する手段の一つであった。

馬場辰猪にとって討論会は民衆を教化する場であった。したがって、そこでは事前に用意された思想や知識が聴衆に伝達されることが重要なのであり、発言者自身の思考に何かの影響があることが期待されていたわけではない。

法廷活動を意識した討論会観

自由民権運動を通して全国に知られ、やがて議会活動を意識した討論会活動として中学校や高等学校で実践されていったが、それらの政治的な活動を想定した討論会活動の他に、法廷活動を想定した討論会活動があった。それらの討論会についての記事はⅢ－1で確認したとおりである。

そこでは議会や法廷という場での討論の技術を身につける場として考えられており、思考力への影響について言及したものは見当たらない。

その点で、大学対抗討論会が討論会(ディベート)移入の目的として思考力に与える影響を挙げたことには大きな意味がある。確かに、「楯の両面を知る」(「弁論界刷新座談会」)、「楯の両面を観る」(「諸君に大いに討論の練習をすゝむ」)と用語が不統一で、またその内容を明確に語ったわけではなく、また「楯の両面を観る」という用語を用いずにその内容に言及した例(「青年団員を中心とする『話し方』研究座談会◇高島、安倍両先生解答◇」)もある。しかし、「討論熱を盛んにする研究会」の冒頭で加藤咄堂が討論の思考力への効果に言及しているように、大学対抗討論会の指導者たちの間では、最初から討論会（ディベート）の思考力への効果が意識されていた。この点が、従来のディベート移入の試みと大きく異なる点であった。

3　ディベート教育に示唆するもの

では、大学対抗討論会の実践は戦後日本にどのように伝えられたのだろうか。

戦後期におけるディベート移入の試みとして大きな意味をもったものに、朝日新聞社主催による「全国大学高専朝日討論会」（以下「朝日討論会」と表記する）がある。この討論会は、「民主日本の新しき地図は国民各層、わけても若き世代による自由活発な言論の力によつて描かれねばならぬ」という「趣旨にもとづき全国学徒の真理追究への熱情を求めて」（朝日討論会開催を知らせる一九四六年八月一八日の『朝日新聞』「囲み記事」）全国の大学・高等専門学校を対象として行われたディベート大会であった。

その企画開催に当たって中心的な役割を果たした冠地俊生が一九五二（昭和二七）年に著した『改訂朝日式討論法の解説と指導』によれば、この大会の審判として木村亀二が参加している。[(6)] 木村亀二は、「④死刑」に法政大学の引率者として参加し、その後「⑬暑中休暇」で議長を務めた人物である。四回行われた朝日討論会の中で木村が審判を務めたのは一回だけだということだが、木村が朝日討論会でどのような具体的関りを持ったのか、それを語る資料は管見する所、『改訂朝日式討論法の解説と指導』以外にはなく不明である。しかし、大学対抗討論会の指導者が一回とはいえ審判を務めたということは、大学対抗討論会の経験が戦後に伝えられたことを感じさせる。

大学対抗討論会の企画実施に当たってディベート移入を特に意識的に語っていたのは、清沢洌、内ケ崎作三郎、高島米峰、加藤咄堂であったが、清沢は敗戦直前に病没し、内ケ崎は当時公職追放中、加藤は終戦時に七五歳（一九四九年没）という高齢であり、高島も七〇歳（一九四九年没）であり、いずれも朝日討論会に関われる環境ではなかった。その中にあって木村亀二は四八歳であり、朝日討論会という新しい催しにも関わっていったのであろう。

また、朝日新聞社は、朝日討論会第一回を総括するとともに、第二回に向けた準備として『討論――理論と実際』を一九四七（昭和二二）年五月に出版する。その一ヶ月前に、赤神崇弘は『雄弁学』という著作を出版する。(7) 同書は、赤神が『雄弁』に連載した「新時代雄弁道場」一二講に新たに二講を加えて一四講とし、著者名も本名の赤神良譲としたものである。

大学対抗討論会を総括していた「討論には如何にして勝つか」は、『雄弁』連載時と同じ「第十講」として採録されており、本文も微細な修正を除いてほぼ連載時と同じである。一九四〇年に発表した本文と同じ内容を一九四七年に出版したという点に、この文章の意味があり、同時に赤神の意識を推察することができる。

同書の「序」の冒頭には「本講は、嘗《か》つて大日本雄弁会講談社発行の『雄弁』に、一ヶ年に亘って連載したものを訂正加筆し、更に第十二講『ラヂオの放送』及び第十四講『人は雄弁なり』を書き添へたものである。私の目的としたことは、『今日、只今より誰でも雄弁となれる法』を説述するにあつた。即席にして而も真の雄弁道を読者に把握せしめようとするにあつた。」とある。ここでは、同書が『雄弁』に連載された記事を基にしていることを明記し、それに補足することで単行本として成ったことを語っている。本書がどこまで普及し、社会的にどのような影響を与えたのかについては確認できていないが、一九四六年一二月に開催された朝日討論会の第一回の五ヶ月後であるため、討論会に関する書籍が求められていたことは想像される。しかも、本書には論点を箇条書きしたメモを活用するなどの具体的な取り組み方が説明されている。その意味でも、朝日討論会第二回に向けたよい指南書となり得た可能性がある。

さらに、朝日討論会の実際に当たって、中心的な役割を果たした人物は蝋山政道であるが、蝋山は『雄弁』が一九一八（大正七）年に行った「懸賞論文」で第一位に選ばれた人物であり（第九巻第六号）、その後も『雄弁』との関係は続き、最終号でも「雑誌『雄弁』と各界名士」（河上哲）の『雄弁』と関わりの深かった人物を紹介した中に「蝋山氏は学生時代、早くから雄弁に寄稿された」と特別に論評されている。ここにも、朝日討論会への大学対抗討論会を含めた『雄弁』との関係が見られる。

このように、大学対抗討論会の体験は、戦時体制の時代を地下水脈となって戦後に流れていったのである。

（1）題名に「再び」とあるのは、前年にも同企画に出席し「弁士の演説を聴かず、弥次を聴いて帰つた」からである。

（2）「べーグ」の意味は不明である。この講評の中で清沢は、「田園文明か都市文明か」という討論題は「日本に於て田園文明を利とするすることを決議す」という題にすべきだとしている。その理由として、「田園文明か都市文明か、斯ういふ問題は色々に解される」からだと述べている。これらの意味を含んだ「べーグ」であろうが、該当する英単語が確定できないでいる。

（3）この講評に前に、「過去二、三回、同じ会に出た一人として、感想を述べれば、実は今夜の討論会は非常な好成績で」と述べているので、第二回、第四回と比較しながら清沢が第五回の講評をしていることは明らかである。

（4）清沢洌も、その後、一九四一（昭和一六）年一月に内閣情報局が示した執筆禁止者リストに名前が掲載され、執筆を禁止されている

（5）たとえば、『馬場辰猪』全集に「議院ハ必ズシモ二院ヲ要セズ」と並んで収録されている「国会ニ於テ質問ヲ受クルトキ説明ヲ拒ムノ権ヲ宰相ニ与フルノ可否」（一八八二年一〇月二一日実施の討論会）でも、その冒頭部の弁論は「抑（そもそ）モ此ノ論題タル当時西洋各国ニ於テ諸学士ノ尤（もつと）モ注目スル所ナリ、蓋（けだ）シ立憲国ニ在ツテ宰相ト国会トノ関係ハ頗ル重大ナルモノニシテ一タビ其ノ宜シキヲ誤ルニ於テハ影響忽（たちま）チ全国人民ニ及ボスモノナレバ吾人ハ深ク其ノ利害得失ヲ看察セザル可カラズ」と、この問題が西洋でも重要な問題だと見られているという解説から始まっている。

（6）全国大会の審判名は朝日新聞紙上に発表されているが、その中に木村の名前はない。したがって、木村が審判を務めたのは地方大会であろう。審判を務めた回数は冠地によれば一回となっている。それが四回実施された朝日討論会の中で何回目であったのかは不明である。

（7）表紙等には『民主主義的政治家のための雄弁学』とあるが、奥付は『雄弁学』となっている。本書では奥付の表記に従って『雄弁学』とする。

まとめ

1　編輯部・指導者たちが目指したこと

では、『雄弁』編輯部及び指導的立場で大学対抗討論会に関わった人々は、大学対抗討論会にどのような意味を見出していたのだろうか。本書で考えたことを要約すると、次の五点にまとめられるだろう。

（1）あまりに激しい野次に対する対策

激しい野次のために演説が十分な内容をもったものになっていないという認識があり、反論反駁を十分に行える討論会を行うことによって野次を減らし、発言者が発言内容に集中できるようにしようとした。

（2）弁論練習としての反駁の充実

大学対抗討論会では「弁論練習」という言葉が繰り返されるが、これは発言が仮の立場で語られているという前提に立つことで、発言者の社会的責任を免除するという意味があり、その他に従来の討論会では不十分であった、相手の発言に対する効果的な反駁を充実させようとしていた。

（3）反駁を充実することによる、物事を両面から捉える思考法の習得

反駁をしたり、反駁をされたりする経験を積むことによって、物事を両面から考えることが可能となるという点が繰り返し強調されている。また、効果的な反駁を具体的に示すことによって、反対側から問題を観るということを具体的に示してもいた。それによって、物事を両面から捉える思考法を身につけさせようとしている。

（4）持論とは異なる立場から思考することによる、物事を両面から捉える思考法の習得

本来もっている意見とは異なる立場を割り振られた場合に、持論とは異なる立場から考えなければならなくなる。そのような体験をすることによって、自分とは異なる考えや意見にも相応の理由があることを学ぶことができるとしていた。

（5）勤労青少年に対するディベート式討論会の普及

『雄弁』の読者層は学生よりも勤労青少年であった。『雄弁』編輯部にも、勤労青少年を読者として想定する傾向が見られる。したがって、大学対抗討論会が目指したものは、学生をモデルとして、勤労青少年にディベート式討論会を普及しようということであった。大学対抗討論会を踏まえて青年団によるディベート式討論会を行った点にも、その普及の意図がうかがえる。

2　ディベート移入史における意味

（1）ディベートの活動目的に初めて思考力の育成をあげたこと。

従来は討論の技術を習得することばかりが強調されていたが、大学対抗討論会では物事を両面から捉えるという思考力の育成という面について強調された。

（2）学生の文化であった討論会を、勤労青少年に普及させようとしたこと。

討論会は政界や法曹界で活躍する人材を育成する場として考えられていたが、討論する力はあらゆる社会階層で必要な能力であるという認識から、特に勤労青少年に討論する力を育成するために討論会を普及させようとした。それは同時に、物事を両面から捉える思考力を勤労青少年に育成しようということでもあった。

（3）戦後の討論活動に繋ぐ道を残したこと。

戦後のディベート移入の試みは、朝日新聞社による朝日討論会によって始まったが、その審判には、大学対抗討論会でも議長を務めた木村亀二が参加している。また、朝日討論会の第一回が行われた直後に、赤神崇弘は大学対抗討論会の総括を踏まえて具体的な討論の手順を解説した著書『雄弁学』を出版した。それは、赤神が一九四〇（昭和一五）年に『雄弁』誌上に発表したものとほぼ同じものであった。朝日討論会の指導に中心的な役割を果たした蝋山政道が『雄弁』と深い関係にあったことも含めて、大学対抗討論会は戦後のディベート移入の試みに地下水脈となって繋がっていった。

本書では、一九三三（昭和八）年から一九三五（昭和一〇）年にかけて行われた大学対抗討論会を、ディベート移入の試みと捉え、ディベート移入史の上に位置づけてみようとした。

確かに、大学対抗討論会自体は一九三三（昭和八）年九月から一九三五（昭和一〇）年三月までという、実質一年六ヶ月で終了（中断）した企画であった。そのため、日本社会へのディベート式討論法の普及という面では、十分な結果を残すことができなかったことは事実である。しかしながら、従来話す技術とばかり捉えられていた討論活動に思考力の育成という面を認めたこと、学生を中心とした一部の社会階層に限定されていた討論という文化を社会の広い層に拡大しようとしたことは、高く評価されてよい。また、楯の両面を観る力、物事を色々な角度から検討する力、立場を換えて考えていく力というものは、満州事変（一九三一年）から二・二六事件（一九三六年）へと向かうこの時代に、実は最も必要とされた思考力であり、思考法であった。しかも、当時「反動の名を以て知られる御用団体」（姫路高等学校『校友会雑誌』）講談社からこのような試みを行う雑誌が出版されていたということは、戦前期の大日本雄弁会講談社という存在について、当時の社会的評価とは別の面があったことを示すものである。

この実践は、天皇機関説への批判が高まる中で中止・終了された。しかし、この試みは多くの学ぶべきものを含んでいる。

さらに、昨今の教育改革の中で、言語活動の充実と共に、思考力・判断力・表現力の育成が求められているが、ディベートという言語活動と思考力を結びつけた大学対抗討論会の試みは、その意味でも単なる八五年前の出来事ではなく、多くの学ぶべきものを私たちにもたらしている。

巻末年表

西暦	元号	社会的事件	『雄弁』の記事
一九二三	大正一二	九月一日　関東大震災	二月「オックスフォード（英）対ハーバード（米）両大学対校大討論会を聴く」谷川　昇
一九二四	一三	一月二〇日　中国で第一次国共合作（～一九二七年） 第二次護憲運動 六月一一日　加藤高明内閣（護憲三派内閣）成立	一月「活気横溢意気沖天・誌上少年大討論会」無署名
一九二五	一四	四月二二日　治安維持法公布 五月五日　普通選挙法公布 中国で五・三〇運動起こる	
一九二六	一五		三月「討論の秘訣とその仕方」竹内　尉 九月「日本に討論の行はれざるは何ぞ」茅原華山
一九二七	昭和二	三月一四日　金融恐慌発生 三月二四日　南京事件 蒋介石反共クーデター	一二月「米国学生大討論会に出陣して」トシー・遠藤
一九二八	三	二月　第一回普通選挙	一月「日米大学生雄弁対抗戦を見る」清沢洌

		八月二七日　パリで不戦条約調印	四月「雄弁座談会」加藤咄堂他 五月「雄弁座談会―その二―」加藤咄堂他
一九二九	四	一〇月二四日　ニューヨーク株式市場で大暴落（世界恐慌始まる）	七月「討論の呼吸」今井三郎
一九三〇	五	五月二〇日　共産党支持の帝大助教授検挙。 一〇月一日　ロンドン海軍軍縮条約批准 一一月一四日　浜口首相、狙撃されて重傷。	六月「新雄弁法六講　討論の仕方」鶴見祐輔 八月「前1　日米戦ふの日ありや否や」 一一月「誤られたる雄弁」前田多門 「弁論界刷新座談会」久留島武彦他
一九三一	六	三月一八日　宇垣一成擁立を目指すクーデター未遂（三月事件） 六月二七日　密偵中の中村大尉、中国兵よって逮捕・射殺される。 七月二日　満州にて朝鮮人農民と中国人農民が衝突（万宝山事件） 九月一八日　日本軍が満州で軍事行動開始（柳条湖事件。満州事変始まる） 一〇月一七日　荒木貞夫擁立を目指すクーデター、失敗（十月事件） 一二月一〇日　国際連盟理事会が	

		満州事変の調査団派遣を決定 一二月一三日　犬養毅内閣発足　金輸出再禁止を閣議決定	
一九三二	七	一月八日　天皇の馬車に爆弾が投げられる（桜田門事件） 二月九日　前大蔵大臣井上準之助射殺（血盟団事件） 三月一日　満州国建国宣言 三月五日　三井理事長団琢磨射殺（血盟団事件） 五月一五日　海軍青年将校らが犬養首相を殺害（五・一五事件） 五月二六日　海軍出身の齋藤実内閣発足（「挙国一致内閣」の開始）	
一九三三	八	一月三〇日　ヒットラーがドイツ首相に就任 二月二〇日　小説家小林多喜二、築地警察署内で拷問死 三月二七日　日本、国際連盟から脱退 五月二五日　京都帝国大学教授の滝川幸辰（ゆきとき）を休職処分（滝川事件）	二月「諸君に大いに討論の練習をすゝむ」清沢洌 六月「討論の方法早わかり」清沢洌 九月　**大学対抗討論会第一回掲載**
一九三四	九	七月八日　海軍出身の岡田啓介が	一月「討論熱を盛んにする研究会」加藤咄堂他

		首相に就任	二月「討論熱を盛んにする研究会」加藤咄堂他
一九三五	一〇	二月一八日　貴族院本会議で美濃部達吉「天皇機関説」を批判 四月九日　美濃部達吉の主要著作が発行禁止となる 一〇月三日　イタリアがエチオピアに侵攻（エチオピア戦争始まる）	三月　**大学対抗討論会第一三回（最終回）掲載** 四月　農村青年による討論会
一九三六	一一	二月二六日　陸軍将校を中心としたクーデター未遂（二・二六事件）内大臣・大蔵大臣が射殺、岡田首相は救出 一一月二五日　日独伊防共協定調印 一二月一二日　張学良が蒋介石を監禁し、第二次国共合作のきっかけとなる。	
一九四〇	一五	九月二七日　日独伊三国軍事同盟成立 一〇月一二日 大政翼賛会発会式	一〇月「新時代雄弁道場　第十講　討論には如何にして勝つか」赤神崇弘

引用文献

【大学対抗討論会】

（巻頭の一覧では各回の論題を示したが、ここでは記事の題名を示す。また、最初に本書での略称を、その後に正式の記事名を示す。）

前1日米　「本誌主催学生大討論会　日米戦ふの日ありや否や」『雄弁』第二一巻第八号、一九三〇年八月一日、三〇～五一頁
①自殺　「明治大学対東洋大学討論会　自殺は果して是か否か」『雄弁』第二四巻第九号、一九三三年九月一日、二六～四五頁
②田園文明　「日本大学対専修大学討論会　田園文明か都市文明か」『雄弁』第二四巻第一〇号、一九三三年一〇月一日、七四～九七頁
③寺院財産　「駒沢大学対大正大学討論会　寺院が財産を有するの可否」『雄弁』第二四巻第一一号、一九三三年一一月一日、九八～一一七頁
④死刑　「法政大学対立教大学討論会　死刑是か否か」『雄弁』第二四巻第一二号、一九三三年一二月一日、六〇～七九頁
⑤政党政治　「帝国大学対早稲田大学討論会　政党政治を排撃す」『雄弁』第二五巻第三号、一九三四年三

月一日、一一八〜一三九頁
⑥ブロック経済　「ブロック経済を強化すべし　慶大対明大学生討論会」『雄弁』第二五巻第四号、一九三四年四月一日、一九四〜二一〇頁
⑦女性職業　「女性が職業戦線に進出するの可否　拓殖大学対青山学院討論会」『雄弁』第二五巻第五号、一九三四年五月一日、二一二〜二二七頁
⑧戦争文化　「戦争は文化を促進するや否や　大東文化学院対明治学院討論会」『雄弁』第二五巻第八号、一九三四年八月一日、三六〜五三頁
中1英雄　「明大予科討論会を聴く」『雄弁』第二五巻第八号、一九三四年八月一日、三二一〜三三五頁
⑨大衆文芸　「早稲田大学対慶応大学大討論会　大衆文芸か純文芸か」『雄弁』第二五巻第九号、一九三四年九月一日、二八四〜三〇二頁
⑩スポーツ熱　「専修大学対東洋大学大討論会　現下のスポーツ熱は過度なりや否や」『雄弁』第二五巻第一一号、一九三四年一一月一日、二六〇〜二七六頁
⑪国際結婚　「日本大学対立教大学討論会　国際結婚を排撃す」『雄弁』第二五巻第一二号、一九三四年一二月一日、二三〇〜二四七頁
⑫産児制限　「法政大学対中央大学討論会　産児制限すべし」『雄弁』第二六巻第一号、一九三五年一月一日、三八六〜四〇四頁
⑬暑中休暇　「農業大学対拓殖大学討大論会　暑中休暇を廃止すべし」『雄弁』第二六巻第三号、一九三五年三月一日、二四四〜二六〇頁
後1自力更生　「農村青年大討論会　自力更生可能なりや否や」『雄弁』第二六巻第四号、一九三五年四月一日、三一一〜三二六頁
後2恋愛結婚　「大討論会　恋愛結婚是か非か」『雄弁』第二八巻第一号、一九三七年一月一日、二四六〜

二五八頁

【『雄弁』掲載記事】

赤神崇弘「新時代雄弁道場　第十講　討論には如何にして勝つか」第三一巻第一〇号、一九四〇年一〇月一日　一〇六～一一〇頁

安倍季雄「最近雄弁界の新傾向」『雄弁』第二六巻第三号、一九三五年三月一日、三五～四二頁

一委員「東洋大学討論会――私有財産撤廃の可否――」第一二巻第八号、五三頁

一記者「都下中学連合演説会に行つて再び虎の如き弥次を聴くの記」第七巻第九号、一九一六年八月一日、二〇〇～二〇四頁

今井三郎「討論の呼吸」第一九巻第七号、一九二九年七月一日、一二〇・一二一頁

易水生「早稲田大学雄弁会消息」第三巻第三号、一九一二年三月一日、一九三～一九五頁

茅原華山「日本に討論の行はれざるは何ぞ」第一七巻九号、一九二六年九月一日、三六～三九頁

河上哲「雑誌『雄弁』と各界名士」第三二巻第一〇号、一九四一年一〇月一日、五四～五九頁

清沢冽「討論演説の好模範!!　日米大学生雄弁対抗戦を見る」第一九巻一号、一九二八年一月一日、一〇六～一一三頁

清沢冽「諸君に大いに討論の練習をすゝむ」第二四巻第二号、一九三三年二月一日、七〇～七三頁

清沢冽「討論の方法早わかり」第二四巻第六号、一九三三年六月一日、一四二～一四五頁

坂本正雄「野間主幹に呈して吾等青年の心事を訴ふ」第六巻第九号、一九一五年九月一日、二三〇～二三三頁

竹内尉「討論の秘訣とその仕方」第一七巻第三号、一九二六年三月一日、二三四～二三九頁

谷川昇「オックスフォード（英）対ハーバード（米）　両大学対校大討論会を聴く」第一四巻第二号、一九

二三年二月一日、二〇八～二一八頁
鶴見祐輔「新雄弁法六講　討論の仕方」第二一巻第六号、一九三〇年六月一日、六四～七〇頁
トシー・遠藤「米国学生大討論会に出陣して」第一八巻第一二号、一九二七年一二月一日、二六六～二七一頁
前田多門「誤られたる雄弁」第二一巻第一一号、一九三〇年一一月一日、四～八頁
無念坊「二高討論大会傍聴之記」第三巻第六号、一九一二年六月一日、二～三頁
落葉生「大選挙区か小選挙区か」第三巻第三号、一九一二年三月一日、一九六～一九七頁
《著者名無記載のもの》
「活気横溢意気沖天・誌上少年大討論会」第一五巻第一号、一九二四年一月一日、二六四～二七三頁
「京都法政大学懸賞討論会」第一巻第五号、一九一〇年六月一日、一九七頁
「青年団員を中心とする『話し方』研究座談会◇高島、安倍両先生解答◇」第二六巻第六号、一九三五年六月一日　三三二～三三五頁
「討論熱を盛んにする研究会」第二五巻第一号、一九三四年一月一日、一一四～一二四頁
「討論熱を盛んにする研究会」第二五巻第二号、一九三四年二月一日、一三〇～一四四頁
「日本大学主催都下各大学連合懸賞討論会概況」第六巻第四号、一九一五年四月一日、四四二～四四三頁
「弁論界刷新座談会」第二一巻第一一号、一九三〇年一一月一日、九八～一二七頁
「法政大学討論会」第一巻第一号、一九一〇年二月一日、大日本図書、一六二頁（『雄弁』は当初大日本図書から出版された）
「法政大学討論会」第二巻第一号、一九一一年一月一日、二六二頁
「雄弁座談会」第一九巻第四号、一九二八年四月一日、七六～八七頁
「雄弁座談会―その二―」第一九巻第五号、一九二八年五月一日、一二一～一三一頁

「雄弁便り」第一二巻第一号、一九二一年一月一日、二五四～二五五頁
「六高弁論部日露攻守同盟大討論会記事」第六巻第四号、一九一五年四月一日、四五七頁

【その他】

赤神良譲『雄弁学』伊藤新文化出版社、一九四七年四月二五日（国立国会図書館所蔵）
井上奈良彦「第2章　日本におけるコミュニケーション教育の歴史　明治以降のスピーチ・ディベート教育を中心に」『日本コミュニケーション学会40周年記念　現代日本のコミュニケーション研究――日本コミュニケーション学の足跡と展望』日本コミュニケーション学会、二〇一一年四月三〇日、一四八～一五七頁
井上義和「第2次弁論ブームの展開と雄弁青年の析出――1900-1930年を中心として――」『研究紀要　教育・社会・文化』第六号、京都大学大学院教育学研究科、一九九九年七月二一日、五三～六一頁
大内力『日本の歴史24　ファシズムへの道』中央公論新社、二〇〇六年八月二五日
大河平聖雄「青年団報に現れた諸調査（完）」『青年教育時報』第一三号、昭和一三年二月一日、三二～六五頁
河合栄治郎編『学生と生活』日本評論社、一九三七年七月一七日
河合栄治郎編『学生と読書』日本評論社、一九三八年一二月三〇日
河島真『日本近代の歴史5　戦争とファシズムの時代へ』吉川弘文館、二〇一七年二月二〇日
冠地俊生『改訂朝日式討論法の解説と指導』日本雄弁学会、一九五二年一〇月二七日
慶応義塾大学弁論部・慶応義塾大学弁論部エルゴー会「第一部慶応義塾と演説　第三編　擬国会」『慶応義塾弁論部百三十年史』慶応義塾大学弁論部・慶応義塾大学弁論部エルゴー会、二〇〇八年一一月一日、五二～五六頁

大日本連合青年団調査課「地方青年の読物調査」『青年読物に関する調査』大日本連合青年団、一九二八年六月一七日、一九～四七頁
大日本連合青年団調査部『全国青年団基本調査　昭和五年度』日本青年館、一九三四年六月一五日
高木貞・古川清彦「弁論部史」『尚志会全史――二高創立五拾周年記念――』尚志会雑誌部編輯委員編、仙台市第二高等学校尚志会発行、一九三七年一二月一日
高桑末秀『日本学生社会運動史』青木書店、一九五五年四月一五日
長崎高等商業学校研究館『生徒生計調査報告（第二回）』長崎高等商業学校研究館、一九三五年三月一五日
長崎高等商業学校研究館『生徒生計調査報告（第三回）』長崎高等商業学校研究館、一九三七年五月一日
永嶺重敏『雑誌と読者の近代』日本エディタースクール出版部、一九九七年七月一六日
中村茂『雄弁の秘訣』九州雄弁連盟、一九三六年二月五日（国立国会図書館所蔵）
野間清治『私の半生』千倉書房、一九三六年七月一日
馬場胡蝶「馬場辰猪自伝」『馬場辰猪全集　第三巻』岩波書店、一九八八年三月三〇日
馬場辰猪「議院ハ必ズシモ二院ヲ要セズ」「国会ニ於テ質問ヲ受クルトキ説明ヲ拒ムノ権ヲ宰相ニ与フルノ可否」『馬場辰猪全集　第二巻』岩波書店、一九八八年一月一四日
馬場辰猪 '*The Life Of Tatui Baba*'『馬場辰猪全集　第三巻』岩波書店、一九八八年三月三〇日
姫路高等学校『校友会雑誌』第二号、一九三一年（『資料集成　旧制高等学校全書　第七巻　生活・教養篇（2）』旧制高等学校資料保存会編・発行、一九八四年六月二五日所収）
平井一弘『福沢諭吉のコミュニケーション』青磁書房、一九九六年六月一〇日
福沢諭吉・小幡篤次郎・小泉信吉『会議弁』出版事項不明（国立国会図書館所蔵）
明治大学『明治大学百年史　第二巻　史料編Ⅱ』明治大学百年史編纂委員会編、明治大学、一九八八年三月三一日

森文三郎「昭和十年本校生徒調査」『研究資料彙報』第一〇巻第二号、大分高等商業学校商事調査部、一九三五年五月三一日、一〜二九頁
森文三郎「昭和十一年本校生徒調査」『研究資料彙報』第一一巻第四号、大分高等商業学校商事調査部、一九三六年一〇月一〇日、一〜一七頁
森文三郎「昭和十二年本校生徒調査」『研究資料彙報』第一三巻第一号、大分高等商業学校商事調査部、一九三八年二月二八日、一〜一五頁
森文三郎「昭和十三年本校生徒調査」『研究資料彙報』第一四巻第一号、大分高等商業学校商事調査部、一九三九年二月一五日、一二〜二六頁
師岡淳也・菅家知洋・久保健治「近代日本における討論の史的研究に関する予備的考察」『異文化コミュニケーション学部紀要　ことば・文化・コミュニケーション』第三号、立教大学異文化コミュニケーション学部、二〇一一年三月二五日、二五〜四一頁
師岡淳也「昭和初期のディベート教育の位置づけ――『雄弁』誌上の大学対抗討論会を中心として――」『ことば・文化・コミュニケーション』第四号、立教大学異文化コミュニケーション学部、二〇一二年三月二五日、五一〜六七頁
文部省学生部「京都帝国大学に於ける学生生計調査」『思想調査資料　第十九輯』文部省学生部、一九三三年七月
文部省教学局編『学生生徒生活調査　上　昭和十三年十一月調査』文部省教学局（国立国会図書館所蔵）
文部省教学局編『学生生徒生活調査　下　昭和十三年十一月調査』文部省教学局（国立国会図書館所蔵）
山口高等商業学校東亜経済研究所「山口高等商業学校生徒生計調査書」『山口高商調査時報』第六巻第四号、一九三四年一〇月九日、一頁〜四二頁
山口高等商業学校東亜経済研究所『昭和十一年度　生徒生計調査書』山口高等商業学校東亜経済研究所

発行年月日不記載
蝋山政道・岩上順一・坂西志保・鈴木安蔵・羽仁五郎『討論―理論と實践』朝日新聞社・後醍院良正編集、一九四七年五月三一日

あとがき

戦後の日本で討論活動が盛んに行われたことはよく知られている。たとえば、一九四七（昭和二二）年に行われた第二回「全国大学高専朝日討論会」（朝日新聞社が主催した全国の大学・高等専門学校を対象としたディベート大会）の場合、予選参加校は一八四校であったという（『朝日新聞』一九四七年一一月二〇日）。ふと、それ程の数の学校でいったい誰がディベートを指導したのだろう、その指導者たちはどのようにディベートを学んだのだろうという疑問が湧いた。

『徒然草』に、最初の仏を導いたものは何者だったのかと父親に質問して困らせたという話が出ているが、戦後間もないディベート大会を全国で指導した人たちがいたという事実は、戦争中の言論圧迫の時代にもなお地下水脈となって流れ来った言論文化の存在を予想させた。しかし、それがいったいどのような文化であったのか、それを突き止めることは中々できなかった。

しかし、あるとき目にとめた一編の論文、即ち師岡淳也の「昭和初期のディベート教育の位置づけ――『雄弁』誌上の大学対抗討論会を中心として――」が、長い間の疑問に答えてくれた。一九三三（昭和八）年から一九三五（昭和一〇）年にかけて雑誌『雄弁』が主催した大学対抗討論会の存在である。すぐに早稲田大学図書館に所蔵されている『雄弁』の該当記事を読んで驚いた。そこで行われ、指導されているのはまさにディベートであったからである。しかも、記事の中で「ディベート」「デイベイト」の語が使われている。ジグソーパズルの重要なピースがピタリとはまった瞬間を連想させた（もちろん、この大学対抗討論会だけが戦後まで続く地下水脈ではないだろう。しかし、重要な試みであったことは間違いない）。

ただ、その発見をこの本に結び付けるまでには数年を必要とした。その間、多くの方々にご指導をいただき、励ましを受けて、このような形にまとめることができた。中でも、田近洵一先生を始め国語教育史学会の皆さま、辻本雅史先生、駒込武先生を始めとした歴史フォーラム・京都の皆さまには多くのご指導と励まし、刺激をいただいた。さらに、桑原隆先生からは、いつか必ずきちんとまとめなさいという宿題を出していただいた。また、浜本純逸先生からは、『雄弁』の存在を教えていただいた他、今回単行本の形にまとめるにあたって手取り足取りのご指導をいただいた。おそらくして、この本は誕生しなかっただろう。最後になってしまったが、渓水社の木村社長、編集の木村斉子氏には、編集・出版に向けて丁寧なご対応をいただいた。これら多くの方々に心よりの感謝を申し上げたい。

ここ数年、様々な配慮を求められて自由に意見を戦わせることができにくい雰囲気を感じることが多くなった。そのような私にとって、多くの圧力や制限の中で一年半に亘ってディベートを展開した『雄弁』の姿勢は、ある勇気を与えてくれるものとなっている。

事項索引

【か】

学生・大学生　ii, iii, 4, 5, 18, 19, 21, 22, 29, 30, 33-36, 42, 43, 49, 54, 64, 89, 91-93, 102, 104-106, 116-119, 121, 125, 128, 131, 141, 154, 168, 177, 180-182, 184, 185, 187, 192, 194, 195, 197, 199-202, 206, 209-211, 216, 218, 229, 245, 247, 257, 260-262, 264, 268-274

議会活動　25, 37, 94, 114, 124, 209, 254

擬国会　16-18, **34**-37, 118, 198, 272

勤労青少年・勤労青年　154, 197, 199, 201, 202, 206, 209, 260, 261

【さ】

時間　5, 6, 14, 15, 34, 40, 49, 50, 88, 92. 103, 107, 108, 111, 112, 117, 120, 136, 155, 168, 173, 203, 211

思考　60, 62, 63, 88, 129, 130, 150, 151, 168, 205, 206, 218, 230, 234, 242, 250-251, 254, 255, 260-263

従来の討論会　15, 29, 46, 50, 66, 87, 94, 96, 101, 102, 105, 111, 120, 133, 137, 141, 146, 160, 165, 166, 169, 170, 174, 259, 262

勝敗　6, 7, 35, 41, 103, 104, 131, 136, 137, 147, 155, 217

持論　5, 39, 43, 45, 88, 97, 128, 169, 174, 175, 217, 234, 242, 243, 250, 260

青年　xi, 3-5, 14, 20, 33, 64, 67, 101, 121, 124, 125, 161, 195, 198, 199-201, 207, 212, 221, 266, 267, 269, 270

青年団・青年会　14, 19, 121, 126, 133, 137, 148, 171, 172, 175, 176, 195, 196, 198, 199, 201-203, 205-207, 209-211, 242, 250, 254, 271, 272

一九三三年　i-iv, xi, 4, 17, 22, 91, 130, 148, 160, 180, 181, 208, 230, 262, 266, 268, 270

【た】

大学対抗討論会　ii, iv, xi, **3**-8, 12-16, 18, 20-25, 29, 33, 34, 38, 41-43, 46, 50, 59, 60, 63, 64, 66, 67, 73, 78, 84, 87, 88, 90, 93, 102, 107, 109, 110, 113, 116, 120, 130, 137, 138, 141-148, 151-153, 155-157, 158-165, 167, 168, 171-176, 181, 184, 198, 201-203, 205, 206, 208, 209, 212, 216-218, 220, 223, 228, 229, 232, 237, 241, 244, 247-250, 254-257, 259, 260-263, 266, 267, 268, 274, 277

立場　5, 15, 21, 29, 30, 33, 34, 38-45, 60-62, 67, 73, 77, 80, 88, 94, 96, 97, 100, 111, 118, 131, 134, 169, 174, 175, 218-220, 227, 231, 238, 239, 242, 243, 245, 248, 250, 259,

260, 262
楯の両面を知る　**128**-130, 175, 229, 230, 254
楯の両面を観る（見る）　133-135, 175, 205, **229**-232, 234, 237, 240,-245, 247-249, 254, 262
チーム・テイーム　4, 5, 7, 14-16, 39, 44-49, 55, 60, 88, 92, 94, 98, 103, 131, 136, 137, 153, 155, 156, 169, 202, 223
デイベイト　130, 135, 231, 249
デイベート　7, 44, 45, 104, 105, 131, 219
デベート　49, 50, 56, 57, 100-102, 105, 117, 118, 120, 139-141, 157, 168
天皇機関説　210, 249, 262, 267

【は】
反駁　15, 16, 32, 44, 49, 54-59, 63, 68, 71, 72, 73, 77, 78, 83, 84, 86-88, 98, 100, 102, 106, 108-112, 115, 116, 123, 126-131, 136, 150, 151, 155, 167, 168, 204, 211, 216, 218, 220-223, 225-230, 234-236, 242, 243, 259, 260
法廷活動　24, 209, 254

【ま】
目指す・目指した　18, 25, 46, 73, 116, 137-140, 143, 146, 147, 171, 201, 208, 209, 227, 233, 259, 260

【や】
役割分担　7, 34, 46, 48, 49, 73, 77, 78, 84, 88, 131, 136
弥次・野次　17-19, 105-109, 121, 123, 126, 127, 138, 143-146, 162, 168, 210-216, 218, 258, 259

【ら】
練習　21, 34, 41, 64, 91, 115, 126, 127, 130-133, 135, 136, 149-152, 172-175, 200, 209, 211, **216**-219, 228, 230, 242, 249, 254, 259, 266, 270

人名索引

【あ】
青木得三　xi, 8, 59, 83, 124, 126, 127, 169, 222, 223
赤神崇弘（良譲）　xi, 8, 58, 59, 78, 91, 113, 161, 164, 167, 168, 208, 212, 221, 222, 256, 261, 267, 270, 272
安倍季雄　19, 105-109, 113, 124, 126, 169, 170, 172, 206, 211, 270, 271
市川房枝　xi, 8, 238-240
伊藤岱吉　58
乾精末　105, 106, 108, 211
井上奈良彦　11, 12, 272
井上義和　3, 199, 272
今井三郎　91, 111, 113, 116, 167, 265, 270
岩上順一　275
植原悦二郎　xi, 21, 117, 118, 119
内ケ崎作三郎　124, 126, 128, **129**, 175, 229, 230, 243, 256
易水生　31, 270
大内力　10, 11, 272
奥むめお　124
大河平聖雄　195, 272
小幡篤次郎　273

【か】
賀川豊彦　xi, 8, 38, 39, **40**, 46-49, 51, 138-141, 157, 158
笠井重治　105, 110
加藤咄堂　xi, 8, 91, 105, **107**, 108, 124, 126, 140, 141, 147, 149-152, 169, 255, 256, 265-267
茅原華山　91, 100, **101**, 102, 105, 120, 168, 264, 270
河合栄治郎　181, 185, 192, 206, 272
河上哲　257, 270
河島真　ii, 272
菅家知洋　12, 274
冠地俊生　255, 258, 272
北昤吉　xi, 8, 58, 86, 228
木村亀二　xi, 8, 43-45, 218, 227, 255, 256, 258, 261
清沢洌　xi, 8, **44**, 45, 48, 49, 55, 57, 63, 73, 87, 91, 104, 130-133, 135, 137, 139, 140, 147, 151-158, 169, 175, 205, 209, 221-223, 228, 230-232, 234, 243-250, 256, 258, 264, 266, 270
清瀬一郎　113
久保健治　12, 274
久留島武彦　105-108, 110, 124-127, **169**, 211, 265
慶応義塾大学弁論部　34, 274
小泉信吉　273
小林一郎　105, 110
五来欣造　xi, 116-118

【さ】
坂西志保　275
坂本正雄　199-201, 270

鈴木安蔵　275
関未代策　xi, 8
関屋龍吉　124, 127

【た】
大日本連合青年団調査課　195, 273
大日本連合青年団調査部　195, 273
高木貞　273
高木友三郎　xi, 8, 234, 237
高桑末秀　ii, 273
高島一郎　xi, 8, 203
高島米峰　xi, 8, 51, 147, 151-155, 171-174, 205, 206, 242-247, 250, 256
高藤太一郎　124
田川大吉郎　114
竹内重利　xi, 117
竹内尉　91, 98, 264, 270
竹内道説　147
谷川徹三　xi, 8
谷川昇　91, 92, 103, 131, 264, 270
千葉亀雄　xi, 8
塚崎直義　xi, 8, 60, 62, 63
鶴見祐輔　xi, 8, 17, 23, 91, 113, 114, 147, 169, 220, 222, 265, 271
トシー・遠藤　91, 103, 104, 264, 271

【な】
永井　亨　xi, 8, 223
長崎高等商業学校研究館　206, 273
永嶺重敏　176, 189, 206, 273
中村茂　14, 273
野間清治　4, 199, 201, 273

【は】
羽仁五郎　275
馬場胡蝶　252, 273
馬場辰猪　252-254, 273
姫路高等学校　185, 262, 273
平井一弘　251, 273
福沢諭吉　35, 250, 251, 273
古川清彦　273
帆足理一郎　xi, 8
星島二郎　xi, 8, 240

【ま】
前田多門　91, 121-123, 211, 215, 216, 265, 271
松原一彦　xi, 8, 54, 124, 126, 127, 169, 202, 203, 205
峯間信吉　xi, 8
無念坊　35, 271
明治大学　28, 273
森文三郎　189, 274
森本厚吉　113
守屋東　124
師岡淳也　6, 12-14, 16, 17, 19-22, 66, 72, 169, 274, 277
文部省学生部　177, 274
文部省教学局　184, 187, 192, 274

【や】
山口高等商業学校東亜経済研究所　206, 274

【ら】
落葉生　30, 271
蝋山政道　257, 261, 275

【わ】

亘理章三郎　xi, 8, 241

書名索引

The Life Of Tatui Baba　252, 273

【あ】
誤られたる雄弁　91, **121**, 211, 215, 216, 265, 271
オックスフォード（英）対ハーバード（米）両大学対抗大討論会を聴く　91, **92**, 103, 131, 264, 270

【か】
会議弁　250, 251, 273
改訂朝日式討論法の解説と指導　255, 272
学生生徒生活調査　下　昭和十三年十一月調査　184, 187, 192, 274
学生生徒生活調査　上　昭和十三年十一月調査　192, 274
学生と生活　178, 181, 192, 206, 272
学生と読書　185, 272
活気横溢意気沖天・誌上少年大討論会　91, **94**, 98, 264, 271
議院ハ必ズシモ二院ヲ要セズ　253, 273
京都帝国大学に於ける学生生計調査　177, 181, 274
京都法政大学懸賞討論会　27, 271
近代日本における討論の史的研究に関する予備的考察　12, 274
慶応義塾弁論部百三十年史　34, 272
研究資料彙報　206, 274
後1自力更生　xi, 6, 7, 169, 172, 202, 269
後2恋愛結婚　xi, 6, 7, 269
校友会雑誌　185, 262, 273
国会ニ於テ質問ヲ受クルトキ説明ヲ拒ムノ権ヲ宰相ニ与フルノ 可否　258, 273

【さ】
最近雄弁界の新傾向　19, 270
雑誌と読者の近代　176, 273
雑誌『雄弁』と各界名士　257, 270
尚志会全史――二高創立五拾周年記念――　35, 273
昭和十一年度　生徒生計調査書　206, 274
昭和初期のディベート教育の位置づけ――『雄弁』誌上の大学対抗討論会を中心として――」　6, 12, 13, 21-23, 66, 169, 274, 277
諸君に大いに討論の練習をすゝむ　91, **130**, 131, 135, 136, 209, 230, 249, 254, 266, 270
新時代雄弁道場　91, 113, **160**, 161, 162, 165, 167, 208, 212, 256, 267, 270
新雄弁法六講　23, 91, 113, 114, 116, 265, 271
生徒生計調査報告（第二回）　206, 273

生徒生計調査報告（第三回）
206, 273
青年団員を中心とする『話し方』研究座談会　◇高島、安倍両先生解答◇」 **171**, 242, 250, 254, 271
青年団報に現れた諸調査（完）
195, 272
前1日米　xi, 6, 7, 21, 90, 91, 93, 113, **116**, 120, 121, 159, 168, 268
全国青年団基本調査　昭和五年度
195, 273

【た】
第2次弁論ブームの展開と雄弁青年の析出――1900-1930年を中心として――　3, 199, 272
第2章　日本におけるコミュニケーション教育の歴史明治以降のスピーチ・ディベート教育を中心に
11, 272
大選挙区か小選挙区か　30, 271
地方青年の読物調査　195, 273
東洋大学討論会――私有財産撤廃の可否　34, 270
討論演説の好模範!!　日米大学生雄弁対抗戦を見る　91, **104**, 105, 131, 247, 264, 270
討論熱を盛んにする研究会
91, 107, **146**, 147, 148, 152, 157, 159, 169, 206, 223, 244, 248, 266, 267, 271
討論の呼吸　91, **111**, 113, 116, 167, 265, 270
討論の秘訣とその仕方　91, **98**, 99, 264, 270
討論の方法早わかり　91, **130**, 135, 136, 249, 266, 270
討論―理論と實践　256, 275
都下中学連合演説会に行つて再び虎の如き弥次を聴くの記　**213**, 270

【な】
中1英雄　xi, 7, 15, 269
二高討論大会傍聴之記　35, 36, 271
日本学生社会運動史　ii , 273
日本大学主催都下各大学連合懸賞討論会概況　89, 271
日本に討論の行はれざるは何ぞ
91, 100, 120, 168, 264, 270
日本近代の歴史5　戦争とファシズムの時代へ　ii , 10, 272
日本の歴史 24　ファシズムへの道
10, 272
野間主幹に呈して吾等青年の心事を訴ふ　199, 270

【は】
馬場辰猪自伝　252, 273
福沢諭吉のコミュニケーション
251, 273
米国学生大討論会に出陣して　91, **102**, 104, 264, 271
弁論界刷新座談会　91, 107, **124**, 129, 130, 206, 229, 254, 265, 271
法政大学討論会（1巻1号）　25, 271
法政大学討論会（2巻1号）　28, 271

【ま】
①自殺　xi, 5, 17, 38, 46-49, 51, 64, 65, **67**, 78, 86, 90, 91, 137-140, 143, 147, 148, 169, 220, 222, 268
②田園文明　xi, 39, 47-49, 55, 65, 89-91, 137, 139, 142, 147, 148, 169, 221, 222, 232, 247, 258, 268
③寺院財産　xi, 51, 52, 65, 89, 90, 91, 137, 140, 142, 147, 148, 169, 206, 268
④死刑　xi, 41, 43, 60, 61, 63, 65, 87, 90, 91, 137, 147, 148, 169, 217, 218, 247, 248, 255, 268
⑤政党政治　xi, 14, 58, 65, **73**, **85**, 87, 110, 148, 169, 228, 248, 268
⑥ブロック経済　xi, 42, 58, 65, 169, 234, 235, 237, 269
⑦女性職業　xi, 54, 65, 110, 238, 269
⑧戦争文化　xi, 65, 217, 228, 269
⑨大衆文芸　xi, 42, 65, 269
⑩スポーツ熱　xi, 4, 54, 65, 146, 169, 269
⑪国際結婚　xi, 58, 59, 65, 78, 87, 146, 161, 164, 221, 222, 269
⑫産児制限　xi, 14, 65, 169, 223, 269
⑬暑中休暇　xi, 45, 65, 160, 172, 218, 241, 255, 269
明治大学百年史第二巻史料編Ⅱ　28, 273

【や】
山口高商調査時報　206, 274
雄弁学　256, 258, 272
雄弁座談会　91, **105**, 107, 111, 169, 210, 218, 229, 265, 271
雄弁座談会―その二―　91, **105**, 107, 109, 111, 169, 265, 271
雄弁便り　33, 272
雄弁の秘訣　14, 273

【ら】
六高弁論部日露攻守同盟大討論会記事　33, 272

【わ】
早稲田大学雄弁会消息　31, 270
私の半生　4, 273

〈著者〉
熊谷　芳郎（くまがい　よしろう）

1955年埼玉県生まれ。1980年早稲田大学第一文学部卒業、2009年同大学院教育学研究科博士後期課程満期退学。埼玉県立高等学校国語科教諭を25年間務めた後、聖学院大学人文学部専任講師、准教授を経て、2014年より同学部教授。主要論文「旧制中学校草創期（1872年～1899年）における『討論会』――自由民権運動における『討論会』との関係から――」（全国大学国語教育学会『国語科教育』第71集）、「旧制中学校における議会意識とその課題―福島尋常中学校「少年議会」の場合」（国語教育史学会『国語教育史研究』第11号）、「昭和戦前期のディベート実践に学ぶ―アクティブ・ラーニングに向けて―」（日本国語教育学会『月刊国語教育研究』第51巻通巻530集）

一九三三年の大学対抗ディベート
――彼らは何を目指したのか――

平成30年9月27日　発行

著　者　熊谷　芳郎
発行所　株式会社 溪水社
広島市中区小町1-4（〒730-0041）
電話082-246-7909　FAX 082-246-7876
e-mail: info@keisui.co.jp
URL: www.keisui.co.jp
印刷・製本　シナノ・パブリッシングプレス

ISBN978-4-86327-446-4　C3037